Fach-
ratgeber
Klett-Cotta

HILFE
AUS
EIGENER
KRAFT

CHRISTINE PREISSMANN

Gut leben mit einem autistischen Kind

Das Resilienzbuch für Mütter

Klett-Cotta

MIX
Papier | Fördert gute Waldnutzung
FSC® C083411

Klett-Cotta
www.klett-cotta.de
J. G. Cotta'sche Buchhandlung Nachfolger GmbH
Rotebühlstraße 77, 70178 Stuttgart
Fragen zur Produktsicherheit: produktsicherheit@klett-cotta.de

Umschlaggestaltung: Weiß-Freiburg GmbH – Graphik & Buchgestaltung
Titelbild: © Maksim Kostenko_Fotolia
Gesetzt in den Tropen Studios, Leipzig
Gedruckt und gebunden von CPI – Clausen & Bosse, Leck
ISBN 978-3-608-86046-7

Vierte Auflage, 2025

Bibliografische Information der Deutschen Nationalbibliothek
Die Deutsche Nationalbibliothek verzeichnet diese Publikation
in der Deutschen Nationalbibliografie; detaillierte bibliografische
Daten sind im Internet über http://dnb.d-nb.de abrufbar

Schnelleinstieg

Inhalt

Vorwort

Liebe Leserin – und lieber Leser,

ein Resilienzbuch für Mütter autistischer Menschen, das ist eine neue Herangehensweise an das Thema Autismus, über die ich mich sehr freue und für deren Realisierung ich den Mitarbeitern des Verlags Klett-Cotta, insbesondere Frau Dr. Treml-Begemann, herzlich danke.

Eltern betroffener Menschen sind in vielfältiger Weise Belastungen ausgesetzt, die meist weit über das hinausgehen, was andere Eltern erleben. Diese Situationen, Erlebnisse und Erfahrungen sind schwierig und schmerzhaft, aber sie können auch eine Chance sein, persönlich zu wachsen.

»Unter jedem Dach wohnt ein Ach«, heißt es kurz und prägnant in einem Sprichwort. Ja, so ist das wohl, jeder hat sein Päckchen zu tragen, und ich will es ganz bestimmt nicht schmälern. Aber unter jedem Dach wohnt darüber hinaus eben auch ein Mensch mit ganz vielen Fähigkeiten und Ressourcen, mit Lebenskraft und Ausdauer, mit Wünschen, Zielen und Träumen. Dies alles gilt es in schwierigen Zeiten zu aktivieren, und nur wer lernt, Krisen zu bewältigen, findet sein Glück.

Auch aus meiner eigenen Biografie weiß ich, dass gerade die Zeiten, die ich als ungerecht und als übergroße Belastungen empfand, in Wirklichkeit riesige Geschenke für mich waren. Sie ermöglichten es mir, die richtige Art von Hilfe zu erhalten, die mich voranbrachte, und sie halfen mir, den Blickwinkel ein bisschen zu verändern. Wenn man glaubt, alles verloren zu haben, die eigene Gesundheit und vielleicht auch das Leben, dann merkt man erst, was im Leben wirklich zählt und wie unbedeutend manche Dinge sind, die vorher wichtig schienen. Ich möchte diese schweren Zeiten niemals noch einmal durchleben müssen. Aber ich möchte noch viel weniger auf diese Erfahrungen verzichten und auf die Kraft, die ich dadurch erhalten habe. Ich fühle mich besser und leistungsfähiger als je zuvor, und es ist mir ein großes Anliegen, das auch

Ihnen, liebe Leserin – und vielleicht auch lieber Leser – zu vermitteln und Sie zu ermutigen, in ähnlicher Weise herausfordernde Situationen als eine Chance zu begreifen.

Mich erfüllt tiefer Respekt vor der Lebensleistung vieler, vieler Eltern, Mütter wie Väter autistischer Menschen, die nicht müde werden, sich dafür einzusetzen, dass ihre Kinder und auch die nachfolgenden Generationen von Betroffenen ein schönes und erfülltes Leben führen können. Ich bedanke mich ganz herzlich bei Ihnen für all das, was Sie für Ihre Kinder und auch für die Gesellschaft tun. Es ist mein Wunsch, Ihnen nun in diesem Buch auch ein paar Anregungen zu geben, was Sie ganz gezielt für sich tun können, denn ich bin davon überzeugt, dass die meisten von Ihnen deutlich zu kurz kommen. Das alles wird Ihnen auch in Zukunft schwierige Zeiten, Schmerzen und Enttäuschungen nicht ersparen können, aber es soll Ihnen die Kraft und die Hoffnung vermitteln, danach auch wieder aufstehen zu können.

Ich bedanke mich bei den lieben Menschen, die mir in meinem bisherigen Leben geholfen haben, Krisensituationen zu meistern: bei meinen lieben Eltern, die stets für mich da sind. Bei meinen Therapeutinnen aus Psycho- und Ergotherapie, Frau Dipl.-Psych. Elke Sauerwein, Frau Meike Miller und Frau Julia Treusch, die mir in schwierigen Zeiten immer wieder Mut und Hoffnung vermitteln. Bei den meist ehrenamtlichen Mitarbeitern aus den Autismusverbänden, die mich vor allem in der ersten Zeit bei meiner Suche nach Erklärungen unterstützt haben, und bei all den ungenannten Menschen, die mir einfach immer dann mit liebevoller Zuwendung begegnet sind, wenn es besonders nötig war.

Ich kann nachvollziehen, was der französische Schriftsteller Albert Camus meint, wenn er schreibt: »Mitten im tiefsten Winter erkannte ich, dass in mir ein unbesiegbarer Sommer wohnt.« Diese Erfahrung wünsche ich auch Ihnen.

Darmstadt, im September 2014 Christine Preißmann

1 Resilienz – Mit Krisen kreativ umgehen, Belastungen als Chancen nutzen

> Resilienz bezeichnet die innere Stärke eines Menschen, Konflikte, Misserfolge, Niederlagen, Lebenskrisen und persönliche Schicksale zu meistern. Sie ist eine Art seelische Widerstandsfähigkeit oder Unverwüstlichkeit, gewissermaßen das »Immunsystem der Seele«.

Für Mütter autistischer Kinder hält das Leben eine Fülle von Herausforderungen bereit, die es zu meistern gilt, und vielen gelingt es, diese Situationen als Herausforderungen anzunehmen, sich ihnen zu stellen und oftmals sogar gestärkt daraus hervorzugehen. Ein Stehaufmännchen kann als Sinnbild dafür gelten, denn diese Spielzeugfigur besitzt die Fähigkeit, ihre aufrechte Haltung aus jeder beliebigen Lage wieder einzunehmen. Was immer ihm widerfährt, es bleibt nicht am Boden liegen, sondern steht rasch wieder aufrecht da.

Resilienz ist nicht angeboren, sondern wird im Laufe der Entwicklung erlernt. Aber auch im späteren Leben sind Resilienz und psychische Belastbarkeit trainierbar. In diesem Kapitel wird daher ein Einblick gegeben in die aktuelle Resilienzforschung. Es werden Faktoren dargestellt, die in der Kindheit hilfreich sind, aber auch solche, die in jedem Lebensalter die seelische Widerstandsfähigkeit stärken und uns helfen, belastbarer zu werden.

Einführung

Ein autistisches Kind zu haben, ist für Eltern auch heute nicht leicht. Trotz aller Kenntnisse und Fortschritte stellt ein Kind, das sich zu sehr von den Alterskameraden unterscheidet, nach wie vor eine große Herausforderung dar. Vor allem die betroffenen Mütter sind zahlreichen Anforderungen hinsichtlich Haushalt, Partnerschaft, Erziehung und oft auch eigener Berufstätigkeit ausgesetzt, die sie in aller Regel deutlich überfordern. Auch gilt es, schwierige und unverständliche Verhaltensweisen des Kindes gegenüber anderen Menschen zu erklären, für Toleranz und Verständnis zu werben und so quasi als Vermittler zwischen der autistischen Welt und der Umgebung aufzutreten.

Für fast alle von ihnen war es natürlich kein primärer Wunsch, ein behindertes Kind zu haben. Viele der eigentlich erwarteten schönen Momente bleiben aus. Es ist schwer, wenn Zärtlichkeiten und Emotionen nicht erwidert werden, wenn das Kind sich vielleicht gar nicht für die Eltern zu interessieren scheint und häufig vor allem dann entspannt und glücklich wirkt, wenn es sich abseits von anderen Menschen allein beschäftigen kann. Vorgestellt aber hatte man sich ein Leben mit einem charmanten Kind, das seine Eltern mit Stolz erfüllt und das man gern der Umgebung zeigt.

Die Resilienzforschung beschäftigt sich damit, wie es gelingen kann, trotz aller Schwierigkeiten nicht zu verzweifeln, sondern aufgrund der individuellen Kompetenz auf psychosoziale Anforderungen, schwerwiegende Lebensverhältnisse oder stark belastende zwischenmenschliche Krisen sich selbst schützend zu reagieren. Es ist wichtig, eine Lebenseinstellung zu erlangen, die den Blick auch in widrigen Situationen zuverlässig nach vorn lenkt, eine Haltung, die auf Gelassenheit und Selbstsicherheit beruht. Das Ziel ist dabei nicht unbedingt, alle Krisen des Lebens umgehen zu können, sondern vielmehr auch in diesen Momenten handlungsfähig zu bleiben und in einer angemessenen Zeit auch schwere Belastungen oder Traumatisierungen zu bewältigen, längerfristig Krisen als Chancen wertzuschätzen und gestärkt aus ihnen herauszugehen.

Resilienz

Verglichen mit früheren Zeiten, ist das Leben heute für viele Menschen härter und schwieriger geworden. Im Berufsalltag wird immer mehr Leistung in immer kürzerer Zeit verlangt, werden die Ansprüche an Flexibilität, Sorgfalt, Effizienz und Professionalität immer höher. Aber auch in Freizeit, Partnerschaft und Familie warten immer neue Herausforderungen, die es zu meistern gilt. Dass Faulsein und Langeweile Kreativität begünstigen und neue Kraft schenken, wird meist ignoriert. Ein hohes Ansehen erlangen dagegen Menschen, die parallel in Beruf, Partnerschaft und spektakulären Hobbys Erfolge vorweisen können.

Oft aber bedeutet das eine immense Überforderung, die sich durch psychische und / oder körperliche Symptome bemerkbar machen kann. Das ist meist ein schleichender Prozess, den man anfangs gar nicht so recht bemerkt und der sich auf verschiedene Menschen ganz unterschiedlich auswirkt. Häufige Symptome sind Kopf- und Rückenschmerzen, Konzentrationsstörungen, Verdauungsprobleme, Herzrasen, Unruhe und Schlafstörungen, man fühlt sich immer mehr unter Druck und hat schließlich das Gefühl, die Anforderungen nicht mehr bewältigen zu können. Es kann zum »Burn-out« kommen, der sich im Grunde nicht wesentlich von einer schweren Depression unterscheidet.

In solchen Fällen ist es also gut, so etwas wie »Hornhaut auf der Seele« zu haben, und es gibt Menschen, die auch durch größten Stress und schwierigste Erlebnisse kaum zu erschüttern sind. Diese Fähigkeit bezeichnet man als Resilienz, und mit diesem Phänomen beschäftigen sich die Forscher erst seit den 1990er-Jahren. Während sie sich zuvor ausschließlich damit befasst haben, welche Faktoren ungünstig sind und krank machen, erkunden sie nun immer mehr, auf welche Weise lebenstüchtige Menschen durch die Krisen ihres Lebens gelangen, welche Strategien sie dabei anwenden und welche Ressourcen sie dafür bereithalten.

Resilienz ist keine unveränderliche Eigenschaft. Das angeborene »Stehaufmännchen-Gen« ist eher die Ausnahme, viel häufiger bilden

Menschen erst im Laufe ihres Lebens diese innere Festigkeit aus, indem sie die Höhen und Tiefen ihres Daseins meistern. Widerstände und Prüfungen zwingen sie, alle verfügbaren Ressourcen und Potentiale zu aktivieren und an ihren Aufgaben zu wachsen (Wellensiek u. Galuska 2014, 60). Und obwohl die Fundamente bereits in der Kindheit gelegt werden, lässt sie sich mit den richtigen Strategien dann, wenn keine günstigen Voraussetzungen dafür vorhanden waren, auch später noch ein Leben lang weiterentwickeln und stärken.

Entwickelt wurde das Resilienzkonzept aufgrund einer Langzeitstudie von Emmy Werner, einer amerikanischen Entwicklungspsychologin. Sie beobachtete über 700 Kinder, die 1955 auf der Hawaii-Insel Kauai geboren wurden und in ganz unterschiedlichen Verhältnissen aufwuchsen, von Kindheit an über vierzig Jahre hinweg (Werner 1971 und 1992). Werner bemerkte: Auch wenn die Startbedingungen noch so schlecht sind, gelingt es manchen Menschen, ihr Leben zu meistern, und sie konnte einige Faktoren definieren, die die Kinder bzw. Erwachsenen, die sie als »resilient« bezeichnete, von den übrigen unterschied. Dabei handelte es sich um spezifische Persönlichkeitsmerkmale und um schützende Faktoren innerhalb der Familie bzw. Gemeinde.

Zu diesen Schutzfaktoren zählte Werner

- ein positives Temperament
- Kommunikations- und Problemlösefähigkeit
- Selbstvertrauen
- Zukunftsorientierung
- die Fähigkeit zum Planen
- die Position als Erstgeborenes in der Familie
- ein kompetentes Verhalten der Mutter
- die Verfügbarkeit einer engen Bezugsperson (Familienangehörige, Lehrer, Pfarrer o. ä.), die Sicherheit und Zuverlässigkeit vermittelte und die Kinder bei allem, was sie taten, unterstützte
- und die Erfahrung von Akzeptanz und Respekt.

Praktische Anwendung

Ausgehend von der Resilienzforschung bei Kindern fand das Thema schließlich auch in die Erwachsenenpsychologie Eingang (Kasper 2008). Neben spezifischen Maßnahmen für einzelne Risikogruppen wurden in jüngerer Zeit aber auch Programme konzipiert, die der Steigerung der Resilienz breiterer Teile der Bevölkerung dienen sollen. Ein Beispiel dafür ist die in ihren Dimensionen bislang einzigartige Kampagne zur Resilienzförderung in Amerika nach den Terroranschlägen vom 11. September 2001. Man hatte anhand von Befragungen ermittelt, dass bei den meisten Menschen eine permanente Angst vor weiteren Anschlägen bestand. Das Ziel der Maßnahme bestand nun darin, ihnen aufzuzeigen, wie man konstruktiv mit Gefühlen der Bedrohung und der Unsicherheit umgehen und adäquate Strategien in der Konfrontation mit chronischem Stress erwerben kann (Newman 2005). Die Resilienz ist also ein wichtiges Thema nicht nur für Menschen mit psychischen Erkrankungen oder lebensgeschichtlichen Risikokonstellationen geworden, und sie gewinnt auch in der Erwachsenenbildung und im Hinblick auf Organisationsentwicklung immer mehr an Bedeutung.

Resilienzfaktoren

Der Umgang mit Schicksalsschlägen ist sehr individuell, und es ist auch nicht unerheblich, welches Unglück welche Person heimsucht. Ein Mensch, der nach dem plötzlichen Verlust eines nahen Angehörigen wieder neuen Lebensmut schöpft, muss nicht unbedingt in der Lage sein, auch eigene schwere Erkrankungen oder berufliche Misserfolge gut zu verarbeiten. Trotz aller Individualität aber ist es möglich, Faktoren aufzuzählen, die eine starke Seele ausmachen und die Menschen dabei helfen, möglichst gut durchs Leben zu kommen. Sie sollen zunächst allgemein und in einem späteren Kapitel speziell im Hinblick auf Mütter von Menschen mit Autismus und auf die Betroffenen selbst beschrieben und erläutert werden.

Krisen als Chancen begreifen

Wichtig ist vor allem die Bereitschaft, sich den alltäglichen Herausforderungen zu stellen, statt sich vor ihnen zu drücken. Die Erfahrung, Krisen bewältigen und schwierige Aufgaben meistern zu können, gehört nämlich zu den wichtigsten Voraussetzungen für Resilienz. So entwickelt man im Laufe des Lebens eine Vielfalt an Bewältigungsstrategien, die sich auch für zukünftige Anforderungen nutzen lassen. Das funktioniert schon bei kleinen Kindern, beispielsweise beim Laufenlernen. Das Hinfallen ist gewiss keine angenehme Situation, aber durch Aufstehen ohne fremde Hilfe erlangen die Kinder Selbstbewusstsein und das Wissen, auch zukünftig in die eigenen Fähigkeiten vertrauen zu dürfen. Wenn sie erst allein aufgestanden sind, werden sie zu der Überzeugung gelangen, auch künftig ähnliche Anforderungen meistern zu können.

Neben den Ressourcen, die jeder einzelne Mensch hat, ist aber für die Bewältigung von Schwierigkeiten auch die Fähigkeit nötig, diese gezielt nutzbringend einzusetzen. Das lässt sich im Hinblick auf Krisensituationen etwa erlernen, indem man sich regelmäßig daran erinnert, dass und wie man in der Vergangenheit Tiefpunkte überstehen konnte. Auch wenn man also nichts daran ändern kann, dass sehr unangenehme Dinge passieren, so kann man doch beeinflussen, wie man solche Krisen interpretiert und darauf reagiert.

Es ist wichtig, Veränderungen und Unsicherheiten als Chancen zu sehen, als eine Möglichkeit, voranzukommen und sich zu entwickeln. Denn nie entwickeln wir uns stärker als in Krisensituationen. In der Regel aber merken wir dies erst mit etwas Abstand.

Misserfolge umdeuten

Robert Biswas-Diener ist ein bekannter Glücksforscher und für seine Forschungen über ein emotional gutes Leben durch die ganze Welt gereist. Er betont, dass er die wichtigsten Lektionen über das Glück nicht anhand seiner Studienergebnisse erhielt, sondern durch Misserfolge und Schwierigkeiten bei der Durchführung seiner Forschungen: »Ich wollte etwas Abenteuerliches außerhalb meiner Wissenschaftlerpflichten erleben, also beschloss ich, von einem Fischerlager bis zur nächsten Siedlung zu wandern – ungefähr vierzig Kilometer (…). Nach etwa acht Stunden war mein Weg jedoch durch die Stirnseite eines massiven Gletschers blockiert. Ich hatte die Wahl: Entweder konnte ich versuchen, den Gletscher zu ersteigen und zu überqueren – ein sehr gefährliches Unterfangen –, oder ich konnte umkehren, die acht Stunden zum Lager als Gescheiterter zurückgehen und hoffen, dass meine Gefährten es noch nicht verlassen hatten (in diesem Fall würde ich wahrscheinlich an Unterkühlung sterben). Mein Ziel war es, die Siedlung zu erreichen, und ich wollte dies unbedingt schaffen. Trotzdem entschied ich mich schließlich für den vorsichtigeren Weg und ging zurück in Richtung des Lagers. Beim Gehen, mit schmerzenden Füßen und fallender Körpertemperatur, passierte etwas: Ich begriff, dass ich nur ein Ziel durch ein anderes ersetzt hatte. Mein neues Ziel war es, sicher zurückzukommen, vorsichtig zu sein, um zu überleben und meine Frau und meine Kinder wiederzusehen – ein Ziel, das nicht weniger wertvoll war als mein ursprüngliches. Indem ich flexibel dachte, gelang es mir, einen wahrgenommenen Misserfolg begrifflich umzudeuten und meine Wanderung neu zu betrachten: als Erfolg.« (Bormans 2012, 23)

Hier wird deutlich: Manchmal stehen den scheinbar wertvollsten Zielen ernst zu nehmende Hindernisse im Weg. Dann sind wir nicht selten frustriert und enttäuscht. Aber wenn wir lernen, flexibel über unsere Ziele nachzudenken und sie angesichts eines Fehlschlags anzupassen, können wir uns sogar glücklicher fühlen als zuvor und eine wahrgenommene Niederlage in einen Erfolg umdeuten.

Optimismus und Freude

Es ist wichtig, Rückschläge als vorübergehend und veränderlich zu betrachten, nicht jeden Fehler bei sich selbst zu suchen und daran zu glauben, die Lage auch wieder verbessern zu können. Optimistische Menschen gehen davon aus, dass sie immer wieder aufstehen, weil sie an sich glauben und sich nicht unterkriegen lassen. Es geht also nicht darum, keine negativen Gefühle zu haben, sondern vielmehr um die Gewissheit, dass sich die Lage auch wieder bessern wird.

Dieser Optimismus ist zu einem gewissen Teil angeboren, aber er lässt sich auch später noch erlernen. So hat man durch Untersuchungen festgestellt, dass Menschen von einem gezielten »Stärkentraining« profitieren können, das seither in Schulen und an Universitäten in den USA Anwendung findet. Die Teilnehmer lernen hier, wie es möglich ist, eigene positive Gefühle zu verstärken, wie sie sich entspannen können und wie sie mit anderen besser zurechtkommen. Als Ergebnis traten Ängstlichkeit und depressive Symptome deutlich seltener auf als zuvor, der Optimismus der Probanden wurde verstärkt (Seligman et al. 2005). Als einfach durchzuführende Maßnahme empfehlen Seligman und seine Kollegen, an jedem Abend vor dem Zubettgehen drei Dinge aufzuschreiben, die an diesem Tag gut gelaufen sind. Sie konnten beobachten, dass diejenigen Studienteilnehmer, die gezielt über die positiven Ereignisse des Tages nachdachten, auch bei der Nachuntersuchung sechs Monate nach Abschluss des Trainings noch eine optimistischere Grundhaltung und weniger depressive Symptome aufwiesen.

Was einen Menschen glücklich macht, ist höchst individuell. Für den einen sind es die ersten Frühlingsknospen oder ein freier Tag, um einfach mal ausschlafen zu können, andere freuen sich über den Anruf von lieben Menschen, die Erinnerung an die letzte Bergwanderung oder ein leckeres Dessert. Es ist hilfreich, sich immer wieder bewusst an freudige und glückliche Momente zu erinnern. Man fokussiert sich auf diese Freude und erlebt sie aufs Neue. Das funktioniert übrigens auch für andere positive Emotionen, und das ist eine sehr wirksame Form der Wahrnehmungslenkung. Je öfter wir auf diese Weise unsere Aufmerksamkeit für ein paar Minuten auf die guten Momente bündeln, desto mehr stimmen wir unser Gehirn darauf ein, in jeder Lage bevorzugt das Erfreuliche herauszufiltern und wahrzunehmen. Wir trainieren auf diese Weise also, optimistisch zu sein.

Aber: Alles durch eine rosarote Brille zu sehen, ist natürlich nicht realistisch. Um gut durchs Leben zu kommen, brauchen wir die ganze Bandbreite unserer Gefühle und Wahrnehmungen. Wer Negatives komplett ausblendet, landet schnell bei Blauäugigkeit und Leichtsinn. Optimismus bedeutet nämlich auch die gute Balance zwischen klugem Innehalten und freudiger Zuversicht (Fox 2014).

Akzeptanz

Wenn man sich wehrt gegen bereits gemachte Erfahrungen, gegen Veränderungen und Krisen, aus denen man lernen könnte, dann tritt man auf der Stelle. Das, was in der Vergangenheit war, ist nämlich nicht mehr zu ändern, und auch die aktuellen Umstände können wir uns nicht immer aussuchen. Manche Entscheidungen haben Positives bewirkt, andere waren vielleicht nicht so glücklich. Jedoch ließ alles, was wir in der Vergangenheit getan oder unterlassen haben, uns zu der Person werden, die wir heute sind.

Energien, die in die Vergangenheit gerichtet sind, also Überlegungen wie »… hätte ich damals nur einen anderen Beruf erlernt / einen anderen Mann geheiratet / mich in dieser oder jener Situation anders entschieden«, nutzen uns wenig. Das ist nicht mehr zu ändern. Aber wir können entscheiden, wie wir damit umgehen. Wir müssen die Vergangenheit nicht stets als Ursprung aller Probleme sehen, wir können sie auch als eine Quelle der Kraft begreifen. Mit einer solchen Haltung entscheiden wir selbst, wie wir uns unserer eigenen Geschichte stellen, und übernehmen so die Verantwortung für unser aktuelles Wohlbefinden.

Sinnvoll ist es außerdem, auch in die Zukunft zu schauen und zu überlegen, was ab sofort anders (besser) werden soll und wie wir das ganz konkret umsetzen können. »Der beste Weg, die Zukunft vorauszusagen, ist, sie selbst zu gestalten«, sagte Willy Brandt, ehemaliger Bundeskanzler und Friedensnobelpreisträger. Entscheidend dafür sind realistische, möglichst konkrete Ziele, die diese Mühen lohnen. Setzen Sie sich also Ziele, aber nehmen Sie die Dinge auch hin, wie sie kommen. Um glücklich zu sein, müssen wir genießen, was wir haben, und dankbar sein dafür (Bormans 2012).

Soziale Kontakte

Verlässliche soziale Beziehungen machen es leichter, Wege aus der Krise zu finden und ein Netzwerk von Unterstützern aufzubauen, auf die man in schwierigen Zeiten zählen kann. Gute Beziehungen zur Familie, zu Freunden und auch zu anderen Menschen gehören daher zu den wichtigsten Faktoren für eine starke Persönlichkeit, für Glück und Gesundheit. Friedrich Lösel, Psychologe und Kriminologe, interessiert sich dafür, welche Chancen es für Kinder aus schwierigen sozialen Milieus gibt. »Der allergrößte Schutz im Leben ist Bindung«, fasst er seine Erkenntnisse zusammen. Die Bindung an eine Bezugsperson, die sich liebevoll um die Kinder kümmert und auf ihre Bedürfnisse reagiert, die Grenzen setzt und Orientierung bietet und ihnen das Gefühl vermittelt, unabhängig von Leistung oder Wohlverhalten geliebt zu werden, macht sie stark fürs Leben (Lösel u. Farrington 2012).

Entscheidend ist in jedem Lebensalter das Vorhandensein guter Freunde. In Interessengemeinschaften, Aktionsgruppen, Religionsgemeinschaften, Vereinen und Verbänden lassen sich oft Gleichgesinnte finden. Die Bedürfnisse nach Nähe und Distanz sind aber bei verschiedenen Menschen unterschiedlich stark ausgeprägt und müssen beachtet werden, um sich stabil und sicher fühlen zu können in der Gegenwart des anderen.

Selbstwirksamkeit

Selbstwirksam ist man dann, wenn man fest davon überzeugt ist, trotz größerer Schwierigkeiten ein Ziel erreichen zu können. Es geht also darum, sich der eigenen Kompetenzen besser bewusst zu werden und Vertrauen zu haben in die eigene Stärke. Auhagen (2004, 17) definiert Selbstwirksamkeit als »die Überzeugung, wirksam Einfluss auf ein

Geschehen nehmen zu können und so das zu erreichen, was man erreichen möchte«.

Ein sinnvoller Schritt hin zu mehr Selbstwirksamkeit kann es sein, die eigenen Bedürfnisse zu kennen und auszuleben, sich mehr Zeit zu nehmen für die Dinge, die einem selbst wichtig sind. Sie führen zu Wohlbefinden und neuer Energie auch für alltägliche Anforderungen. Vertrauen in die eigene Stärke können wir nämlich nur dann empfinden, wenn wir nicht ständig vollkommen erschöpft sind.

Der Soziologe Aaron Antonovsky analysierte, was Menschen brauchen, um gerade in schwierigen Situationen gesund zu bleiben (Antonovsky 1997). Nach seiner Überzeugung brauchen wir dabei ein Gefühl von Stimmigkeit (Kohärenz). Wenn wir in problematischen Situationen sagen können: »Das ist stimmig, das passt«, dann können wir anstehende Herausforderungen viel eher annehmen und mittragen. Dieses Kohärenzgefühl gliederte Antonovsky in die folgenden drei Aspekte:

- Das Gefühl von Verstehbarkeit: Die Herausforderungen werden als verständlich, nachvollziehbar und durchschaubar erlebt.
- Das Gefühl von Handhabbarkeit: Den Herausforderungen stehen passende eigene Ressourcen zur Bewältigung gegenüber. Belastende Ereignisse passieren, man kann jedoch damit umgehen.
- Das Gefühl von Sinnhaftigkeit: Das Leben wird als sinnvoll wahrgenommen, und die Auseinandersetzung mit der Herausforderung wird als lohnenswert bewertet.

Inzwischen konnten zahlreiche Untersuchungen belegen, dass ein hohes Kohärenzgefühl mit einer besseren psychischen Gesundheit und einer höheren Lebensqualität einhergeht, unabhängig von Alter, Geschlecht, sozialer Klasse und Bildungsniveau (Erim 2013).

Sicherheit und Stabilität

Eine gewisse Stabilität in allen Lebensbereichen ist eine wichtige Voraussetzung für menschliches Wohlbefinden. Auch aus diesem Grund tragen eine gute Ausbildung und eine sichere Arbeitsstelle, eine glückliche Partnerschaft, eine angemessene Wohnsituation, finanzielle Stabilität, gute Gesundheit, aber auch ein spirituelles oder religiöses Leben zum ganz persönlichen Glück bei (u. a. Bormans 2012). Ebenso entscheidend ist auch ein sicheres Lebensumfeld ohne Angst vor Verbrechen.

Die moderne Zeit bietet viele Chancen, birgt aber auch Risiken. Verbindliche Lebensentwürfe und Gewissheiten sind keine Selbstverständlichkeit mehr. Ständig verändert sich alles, das Tempo und der Druck steigen, langjährige stabile Partnerschaften oder Arbeitsstellen, die wir über Jahrzehnte behalten können, sind längst nicht mehr die Regel.

Es ist daher wichtig, neben all den Unwägbarkeiten des Lebens ganz gezielt auch nach Stabilität zu suchen, Routinen und Rituale zu entdecken, die etwas Beständiges haben und daher Sicherheit vermitteln. Das kann ein fester Tagesablauf sein, der vor allem in schwierigen Zeiten Halt gibt, die kirchliche Zeremonie oder eigene Interessensgebiete, insbesondere im sportlichen Bereich, die nach festen Regeln ablaufen und damit vorhersehbar sind.

Veränderungen zulassen

Gleichzeitig aber hilft es sehr, wenn man nicht ausschließlich an Gewohnheiten festhält, sondern auch offen und neugierig ist für Neues und für Veränderungen, auch wenn diese auf den ersten Blick nicht immer positiv erscheinen.

Manchmal ist es sinnvoll, aktiv kleine Veränderungen im Alltag vorzunehmen. Das fördert Flexibilität und Wissen, zu viel Sicherheit dagegen macht unflexibel. So kann man z. B. immer wieder einmal neue Kochrezepte ausprobieren, in Ausflügen unbekannte Gegenden erkunden etc. Indem wir nicht aufhören, neugierig und bereit zu sein, Neues zu lernen, wachsen wir als Person.

Verantwortung übernehmen

Wer die Verantwortung an der eigenen Lage immer nur anderen zuschiebt, fühlt sich immer mehr in der Opferrolle. Daher ist es wichtig, in allen schwierigen Lebenslagen, ob selbst verschuldet oder nicht, die Kontrolle über das eigene Leben zu übernehmen, Verantwortung zu tragen und daran zu denken, dass man selbst aktiv etwas tun kann, um die seelische Widerstandskraft zu erhalten und wieder neuen Lebensmut zu schöpfen.

Die schlimmsten und folgenreichsten Stressauslöser sind Situationen, auf die man (tatsächlich oder vermeintlich) keinen Einfluss hat. Menschen werden immer dann mutlos, wenn sie das Gefühl haben, dass ihre eigenen Entscheidungen irrelevant für den Lauf ihres Schicksals sind. Es ist also wichtig, selbst aktiv zu werden und Verantwortung für das eigene Leben zu übernehmen.

Selbstwahrnehmung, Selbstkenntnis und Realitätssinn

Es ist notwendig, sich selbst gut zu kennen, über die eigenen Stärken wie Schwierigkeiten möglichst detailliert Bescheid zu wissen, um realistisch aus der Fülle an Lebensentwürfen auswählen zu können und auf ganz eigene Weise, mit den eigenen Bedürfnissen und Voraussetzungen, glücklich werden zu können.

Wie sehen wir uns also selbst? Wie ist unsere ganz eigene Kombination von Eigenschaften, Fähigkeiten, Einstellungen und Wertvorstellungen? Was können wir gut, was fällt uns eher schwer? Selbstvertrauen und Selbstwertgefühl hängen eng mit unserer Selbstwahrnehmung zusammen. Aber auch dann, wenn die Wahrnehmung gerade eher überwiegend negativ gefärbt ist, wenn wir in schwierigen Situationen stecken – wir sind als Mensch immer gleich viel wert. Das soll die folgende kleine Geschichte verdeutlichen (aus: Engelmann 2014, 18).

Die Geschichte vom 50-Dollar-Schein

Eines Tages hielt ein Professor in einer Vorlesung einen nagelneuen 50-Dollar-Schein hoch und fragte seine Studenten, wer von ihnen diesen Schein haben wollte. Alle meldeten sich. Daraufhin faltete der Professor den Schein ein paar Mal und stellte die Frage erneut. Wieder meldeten sich alle. Der Professor nahm nun den Schein, warf ihn auf den Boden und trat ein paar Mal darauf herum. Dann schüttete er Dreck auf den Boden, nahm den Schein und zog ihn einmal hindurch. Ein letztes Mal hob er den Schein, der nun nicht mehr neu und schön war, hoch und fragte seine Studenten, wer den Schein nun noch haben wollte. Wieder gingen alle Finger in die Höhe.

Daraufhin sagte der Professor: »Sehen Sie, was auch immer ich mit dem Schein gemacht habe, er hat seinen Wert nicht verloren, und Sie haben das erkannt. Und so wie mit dem Schein ist das auch mit Ihrem Selbstwert. Egal, ob jemand Sie zusammenfaltet, auf Ihnen herumtritt oder Sie gar durch den Dreck zieht – Sie haben immer denselben Wert! Sie sind immer gleich wertvoll, unabhängig davon, was andere mit Ihnen machen.«

Es ist nicht notwendig, alle als relevant beschriebenen Fähigkeiten auf einmal zu besitzen, um Krisen erfolgreich bewältigen zu können. Auch einige wenige dieser starken Eigenschaften sind oft ausreichend. Notwendig ist es dabei jedoch, dass man sich selbst gut kennt und Bescheid weiß, über welche Ressourcen und Fähigkeiten man ganz persönlich verfügt und wie man sie gewinnbringend einsetzen kann.

Gut für sich selbst sorgen

Für jeden Menschen wichtig und unerlässlich ist es aber, auf die eigenen Bedürfnisse und Gefühle zu achten, immer wieder gezielt Dinge zu tun, an denen man ganz persönlich Freude hat und die man entspannend findet.

Wenden Sie also Zeit und Energie für das auf, was Sie interessiert.

Vor allem körperliche Aktivitäten sind dabei wichtig, idealerweise als eine sinnvolle Kombination aus Bewegung und Entspannung. Das alles stärkt Körper und Seele, um auch in schwierigen Zeiten zu bestehen.

Halten Sie Ihre Augen und Ohren offen für die Schönheit ringsum. Man kann Glücksgefühle erleben, wenn man etwa Vögeln beim Singen zuhört und ihren Flug beobachtet, wenn man aufmerksam Bäume, Pflanzen und Blumen, fließendes Wasser, Wolken, Sonnenauf- und -untergänge ansieht. Nehmen Sie sorgfältig wahr, was Sie berühren, schmecken und riechen, und erfahren Sie diese Freuden. Schließen Sie dann immer wieder für einen kurzen Moment die Augen, atmen Sie ein paar Mal bewusst ein und aus und nehmen Sie mit allen Sinnen diesen Augenblick wahr, um ihn auszukosten und zu genießen. Auch dann, wenn er längst vorbei ist, werden Sie sich noch daran erfreuen. Manuel Neuer, der Torwart der Nationalmannschaft, beschrieb dies nach dem Gewinn der Fußball-Weltmeisterschaft am 13. Juli 2014 in einem Interview sehr schön: »Irgendwann werden wir natürlich auch wieder aufhören zu feiern. Aber auch danach noch werden wir künftig immer mit einem Lächeln aufstehen.« Um glücklich zu sein, müssen wir genießen, was wir haben.

Bevor wir uns nun ansehen, was diese theoretischen Grundlagen der Resilienz ganz praktisch bedeuten, was Mütter von Menschen mit Autismus ganz konkret für sich tun können, sollen die betroffenen Frauen selbst zu Wort kommen. Sie schildern ungeschönt ihre jeweilige Lebensrealität, die in jedem Einzelfall anders aussieht, und sie beschreiben ihre ganz persönlichen Kraftquellen.

Ich bedanke mich herzlich für die beeindruckenden Berichte, für die Zeit, die Kraft und den Mut der Autorinnen. Erst dadurch konnte dieses Buch entstehen.

2 Erfahrungen und Erlebnisse von Müttern autistischer Kinder

Von potenziertem Stress und dem Aufbruch zu neuen Ufern

Eva Müller

Mein Name ist Eva. Ich bin mittelgroß, mittelblond und mittelschlank. Wir wohnen in einem kleinen Reihenhaus, haben einen mittelgroßen Hund, zwei Kinder und sind seit fast zwanzig Jahren glücklich verheiratet. Wir, das sind mein Mann Matthias und ich. Unsere Söhne heißen Frank und Markus. Frank ist 16 und Markus ist 12 Jahre alt. Seit die Kinder da sind, habe ich meine Berufstätigkeit aufgegeben und bin im Familienmanagement tätig.

Idyllisch, nicht wahr? Gutbürgerlich, klischeehaft-romantisch, ein wenig spießig und langweilig vielleicht? Nun ja, der Schein trügt, denn unser Großer ist Autist. Asperger-Autist, um genau zu sein. Was das für uns alle, für unsere Träume und Hoffnungen, für unsere Erwartungen und Pläne, unseren Alltag und im Besonderen für mein Leben bedeutet, möchte ich Ihnen hier gerne beschreiben.

Mein Sohn Frank kam zwei Wochen zu früh auf die Welt. Höchst ungern, wie es schien, ließ er sich doch 26 Stunden Zeit von der ersten Wehe bis zum ersten Schrei. Dann war er da. Ein winzig kleines Kerlchen, mehr kleiner Spatz als properes rosa Baby mit seinen 46 cm und 2650 g. Knapp am Brutkasten vorbei, Glück gehabt! »Der ist noch unreif«, sagte der Arzt. »Komisch, nur zwei Wochen zu früh, aber deutlich unreif. Na, das wird schon noch«, meinte er und guckte uns freundlich durch seine Nickelbrille an.

Frank brauchte lange zum Trinken, er trank nur wenige Schlucke und schlief dann wieder ein. Ich wollte ihn gerne stillen und hatte auch reichlich Milch, aber scheinbar war er einfach zu schwach, um seine

Mahlzeit zügig zu sich zu nehmen. Von den guten Ratschlägen mit Flasche wollte ich nichts hören, warum auch, Stillen ist gesund und das Natürlichste der Welt. Warum also ohne Not auf die Flasche umsteigen? Also war ich auch »selbst schuld«, wenn ich die meiste Zeit des Tages mit dem Stillen verbrachte.

Wenn er nicht trank oder schlief, schrie Frank. Ich trug ihn in der Wohnung herum und sprach oder sang mit ihm, oder ich setzte ihn in den Kinderwagen und fuhr ihn aus. Da war er immer still und beobachtete neugierig seine Umgebung. »Du musst ihn an den Nuckel gewöhnen«, sagte meine Mutter. »Warum?«, fragte ich. »Er mag ihn nicht und nuckelt ja sowieso den ganzen Tag an meiner Brust.«

Ich hoffte auf die Zeit, wo er feste Nahrung zu sich nehmen, sitzen und laufen und sich besser selber beschäftigen konnte. Die Tage waren schlimm, die Nächte noch schlimmer. Die anderen Kinder aus der Krabbelgruppe schliefen inzwischen durch – auch die, die später geboren waren; in der Gruppe nahmen sie untereinander Kontakt auf. Nicht jedoch mein Kind. Frank klammerte sich an mein Bein, wollte nur auf den Schoß und bei mir sein. Ich hatte keine Atempause. Mein Mann war und ist dienstlich viel unterwegs, aber wenn er da war, unterstützte er mich vorbildlich und war der ruhende Pol. Auch bei ihm jedoch häuften sich die ungeduldigen Momente. Wir holten uns überall Rat, ich las stapelweise Bücher, war theoretisch ein Vollprofi, aber unser Sohn war anders als die anderen Kinder. Was machten wir falsch? Gar nichts, würde ich heute sagen, »ganz viel«, meinte unser Umfeld. Von »schreien lassen« bis »nicht so ein Aufhebens machen« oder »mal ein bisschen gelassener sein« reichte die Palette von nicht hilfreichen Ratschlägen, die wir erhielten.

Vier Jahre später kam Markus, ein blonder, süßer, immer gut gelaunter Engel. Er war von Anfang an unkompliziert und lebenskompetent, und Frank liebte seinen kleinen Bruder sehr. Wir haben großen Wert darauf gelegt, dass die beiden sich gut verstehen und zusammenhalten, notfalls auch gegen uns, die Eltern. Das klappt inzwischen gut! Und dann kam noch Ella ins Haus, eine große, kinderliebe Terrierhündin.

Frank war mittlerweile für einige Stunden im Kindergarten, es war weiterhin schwierig. Die Motorik, das Sozialverhalten, er war anders. Regelmäßig wurden wir zu Gesprächen einbestellt, in denen es um Regelverstöße ging, um Langsamkeit, Verletzungsneigung und schwieriges Verhalten. Vorwürfe wurden erhoben, eine ins Klo geworfene Zahnbürste eines anderen Kindes wurde zur Katastrophe erklärt, das Nicht-Aufessen des Müslis stellte ein unlösbares Problem dar. Die wenigen netten, engagierten Erzieherinnen gingen recht schnell, das Betriebsklima war schlecht. Die Erzieherin, die blieb, konnte Frank nicht leiden, und das beruhte auf Gegenseitigkeit.

Wir suchten eine Kinderpsychiaterin auf, welche uns mit banalen Erziehungstipps abspeiste und uns das Gefühl gab, rundherum inkompetent zu sein.

Später in der Schule engagierte die Lehrerin ein Team systemischer Familientherapeuten, um mit meinem Mann und mir zu »arbeiten«. Mir wurde gesagt, ich solle mal zu diesem Termin kommen, um Frank zu beschreiben. Dann wurden weitere Termine vereinbart. Als ich das nicht wollte, wurde mir sehr klar gesagt, dass mein Sohn dann nicht auf der Regelschule verbleiben könnte. Ich habe in meinem Leben selten so viel hilflose Wut verspürt. Glücklicherweise war das Team sehr nett und teilte uns sehr schnell offen mit, dass unser Familiensystem prima sei, aber die Gespräche einfach weitergeführt werden müssten, damit die Schule mitspielte. Die Vorschläge, die sie machten, z. B. mit Frank im Unterricht nach einem Bonussystem zu arbeiten, wären vielleicht auch hilfreich gewesen, hätte man sie richtig angewendet …

Insgesamt war ich einfach nur froh, als die Grundschulzeit vorbei war. Ich hatte keine Kraft mehr, ständig die Unfähigkeit anderer mit aufzufangen und mir deren Klagen noch mit anzuhören, zu maßregeln, zu vermitteln. Alle, auch die Großeltern, hatten die Kinder schließlich nur stundenweise und kamen nicht klar, ohne sich hinterher bei uns zu beschweren. Ich aber musste klarkommen. Ich musste immer weitermachen und wusste oft nicht, wie es gehen sollte. Mein Mann Matthias arbeitete für anderthalb Jahre drei Tage die Woche in einer weit entfernten Stadt, ich war oft allein.

Ich hoffte wieder. Hoffte darauf, dass es mit Frank in der neuen Schule besser laufen würde, die Defizite sich mit zunehmendem Alter verwachsen würden und ich mehr Zeit hätte, wenn Markus im Kindergarten wäre, vielleicht auch wieder arbeiten könnte.

Nun, die Hoffnung stirbt bekanntlich zuletzt. Hatten wir uns von einem Gymnasium etwas angenehmere Umgangsformen unter den Kindern gewünscht, wurden wir bald eines Besseren belehrt. Die Kinder fanden Frank komisch, er wurde gemobbt. Die Schule machte keine ernsthaften Versuche, dies einzudämmen; wehrte er sich, geschah dies so ungeschickt und offensichtlich, dass er als der Schuldige dastand und bestraft wurde. Man rief uns an und verkündete, wir sollten mit ihm einen Kinderpsychiater aufsuchen und eine Diagnose beibringen, sonst müsste er die Schule verlassen. Wiederum verspürte ich hilflose Wut.

Wir lieferten also die Diagnose. Sie war für den Arzt klar erkennbar (warum nicht für die vielen anderen, die wir zuvor konsultiert hatten?) und lautete »Asperger-Syndrom«. Ich schwankte zwischen Entsetzen und Erleichterung. Ich, ein behindertes Kind? Wo ich mir schon während der Schwangerschaft so viel Mühe gegeben habe, alles »richtig«, vorschriftsmäßig, vorbildlich zu machen? Warum ich, warum er, warum wir? Und was wird aus ihm werden? Kann er jemals allein leben, einen normalen Beruf ausüben? Was wird aus ihm, wenn wir nicht mehr da sind? Matthias sah das nüchtern: Er bleibt derselbe, wir erziehen ihn weiter wie bisher, die Diagnose entlastet nur von ungerechten Vorhaltungen.

Kurz darauf musste mein Sohn aufgrund einer falschen Anschuldigung die Schule verlassen. Wir erwogen kurz juristische Schritte, entschieden uns aber dagegen, das hätte ihm doch nur weiter geschadet.

Die Katastrophe aber wurde zum Glücksfall. Die Direktorin der Realschule, die unsere letzte Hoffnung war, traf sich noch in den Ferien mit uns, sprach mit uns, beobachtete uns scharf und stellte sehr direkte

Fragen. Sie wog sorgfältig ab und teilte uns in der ihr eigenen nüchternen Art mit, sie sehe kein Problem darin, Frank in ihre Schule aufzunehmen. Sie behielt recht. Es gab einen einzigen Mobbingversuch vonseiten einer Schülerin. Dieser wurde sofort sanktioniert und klar herausgestellt, dass so etwas dort nicht geduldet würde – und das war es. So einfach können Dinge manchmal sein.

Es ging endlich aufwärts. Markus ist ein sozialkompetenter und eifriger Schüler, der uns viel Freude macht und Franks bester Vertrauter und Lehrer im Sozialverhalten ist. Er hat auch die »Nehmerqualitäten«, die der kleine Bruder eines Autisten oft genug braucht. Die beiden verstehen sich sehr gut, und ich beobachte ihren Umgang miteinander oft heimlich mit Freude.

Oft führte ich lange Telefonate mit meiner Freundin Hanna. Wir kennen uns jetzt seit fast 25 Jahren, also noch aus einer Zeit, wo wir beide keine Kinder hatten, und ich liebe sie und ihre lustige Art sehr. Sie selbst hat inzwischen drei Kinder, eines davon ebenfalls mit einem Handicap. Sie weiß also ziemlich gut, wie es mir geht, wenn ich anrufe und mich mies fühle und denke, ich kann nicht mehr, oder wenn ich ihr von den neuesten Vorfällen erzähle.

Und noch eine andere Person wurde sehr wichtig für unsere Familie: Iris, die neue Therapeutin meines Großen. Natürlich mussten wir jetzt, wo das Handicap einen Namen hatte, dranbleiben. Iris war eine kleine resolute Person mit einer lauten und temperamentvollen Art. Sie empfand ihre therapeutische Arbeit nie als Belastung, jede neue Schwierigkeit war für sie eine willkommene Herausforderung. Sie war fasziniert von Frank und führte lange fachliche Gespräche mit uns, hielt uns immer auf dem Laufenden und sagte, sie habe noch nie einen Autisten behandelt, der so weit in den »normalen« Bereich gekommen sei. Sie wollte ganz genau wissen, wie wir ihn erzogen haben, wie wir mit ihm umgehen, und sie war über unseren intuitiven Umgang enorm begeistert. Sie hat mir viel Mut gemacht, noch stärker meiner Intuition zu vertrauen, mich gegen temporäre moderne Lehrmeinungen durchzusetzen, meinen eigenen Weg zu gehen, zu beobachten, zu korrigieren und dranzubleiben. Iris konnte alles, was ich ihr schilderte oder wo ich noch zweifelte, fachlich untermauern. Mir ging es erstmals seit langer Zeit wieder besser, hatte ich doch schon große Ängste und Selbstzweifel entwickelt.

Iris ermutigte mich auch, mich beruflich neu zu orientieren. Sie brachte mir einen Flyer mit über eine Infoveranstaltung zur Ausbildung zukünftiger Heilpraktiker für Psychotherapie. Ich war erschrocken, eine Ausbildung über ein Jahr plus Zusatzausbildungen in Therapieverfahren, kann ich das noch? In meinem Alter noch mal durchstarten? Und habe ich die Zeit und das Geld? Sie grinste und sagte: »Anschauen kostet nichts.« Ich ging hin und war sofort begeistert. Das war es, was ich gesucht hatte. Mein Beruf! Bis das Seminar begann, lernte ich schon zwei Therapieverfahren. Iris meinte: »Wenn jemand eine gute Therapeutin wird, dann du. Du hast selber genug durchgemacht, um Menschen verstehen zu können, das ist sehr wichtig.«

Dies war unser letztes Treffen. Sie fehlt mir. Ich stehe kurz vor meiner Abschlussprüfung und weiß, wie sehr sie sich freuen würde. Ich konnte nicht weinen. Das hätte es so endgültig gemacht, das wollte ich nicht. Bis vor ein paar Wochen. Mein Sohn hatte sich nicht genug um einen Praktikumsplatz bemüht, trotz allen guten Zuredens und Anschiebens. Einen der freien Plätze bekam ironischerweise eine Autistin. Frank will sich nicht mehr outen, will keinen Platz auf Mitleidsbasis, will allein bestehen. Ich finde das gut, aber er verlor nach mehreren Absagen den Mut und wurde bockig. In eine Anwaltskanzlei wollte er, jetzt blieb ihm nur noch der Notnagel der Lehrerin: Fischverkäufer in einem Großmarkt. Ich war verzweifelt und wusste nicht, was ich tun sollte. Ich saß an meinem Schreibtisch, und die Tränen kamen ganz von allein. Iris hätte in ihrer pragmatischen Art sofort einen Lösungsansatz gewusst. Eine ganze Packung Tempos habe ich vollgeheult. Irgendwann war es gut. Alles war raus, auch die schweren letzten sechzehn Jahre. Dann habe ich aus dem Internet freie Praktikumsstellen herausgesucht, Frank gerufen, ganz streng geguckt und gesagt: »Du rufst morgen da an und kümmerst dich, mein Freund. Es geht nicht, dass du mit Fischgeruch in den Klamotten nach Hause kommst, dann wird Ella ganz verrückt!« Frank guckte verblüfft und grinste.

Er konnte tatsächlich einen Job in einer Kanzlei ergattern. Letzte Woche war sein letzter Tag, und er fand es super! Scheinbar war er selbst auch super, er brachte ein Zeugnis mit, dass mir fast die Augen aus dem Kopf gefallen sind.

Es ist nicht so, dass jetzt alles toll und einfach ist, aber es gibt Fortschritte. Autismus plus Pubertät ist potenzierter Stress, aber es ist auch gleichzeitig ein Aufbruch zu neuen Ufern. Mein ehemals winzig kleines Baby ist ein großer, schlanker, gut aussehender junger Mann geworden. Mit Ecken und Kanten und einer eigenen Persönlichkeit. Manches kann er noch nicht so gut wie andere Gleichaltrige, manches aber besser: Er ist zuverlässig, hat einen sehr trockenen Humor, versteht Ironie (damit ist er schließlich aufgewachsen), und er reflektiert sehr genau. Er raucht nicht, nimmt keine Drogen, trifft sich jetzt manchmal, ganz selten, aber doch gelegentlich, mit einigen wenigen Freunden und hält sich meistens an die »Nur-ein-Bier-mit-den-Kumpels«-Regel. Sicher gibt es nach wie vor in der Schule keine Glanzleistungen; vor allem dann, wenn er Probleme mit der betreffenden Lehrkraft hat, kann die Zensurenspanne innerhalb eines Faches zwischen 2 und 5 liegen. Aber ich denke, so manche Eltern haben größere Probleme zu bewältigen.

Wir haben immer noch diesen festen, liebevollen, von starkem Humor geprägten Familienzusammenhalt, und ich bin überzeugt davon, dass das genau das ist, was Frank gebraucht hat und immer noch braucht, um sich in der großen, weiten, unberechenbaren Welt etwas zuzutrauen. Der familiäre Rückhalt, der aber nicht heißt, alles durchgehen zu lassen und schönzureden, das ist es, was jedes Kind braucht, um stark werden zu können, davon bin ich überzeugt.

Zum Schluss gibt es noch eine Sache, die ich gelernt habe und die ich sehr hilfreich finde: Ich habe keine Lust und Zeit mehr für die Nichtigkeiten des Lebens, für all die alltäglichen Kleinigkeiten, an denen sich viele Menschen so aufhalten und die sie dann wortreich beklagen wie schlecht sitzende Frisuren, falsch parkende Nachbarn, kläffende Hunde oder schlechtes Wetter.

Eine Bitte habe ich: Wenn Ihnen irgendwo eine pummelige Blondine begegnet, die vor sich hinwuselt und es offensichtlich eilig hat, halten Sie sie nicht unnötig auf – sie will noch viel
ER-LEBEN!

Eva: ist 46 Jahre alt, verheiratet, hat zwei Söhne. Nach dem Abitur schloss sie zunächst eine Ausbildung zur pharmazeutisch-technischen Assistentin ab, inzwischen arbeitet sie als Heilpraktikerin für Psychotherapie. Sie ist die Erzählerin der Geschichte.
Matthias: Vater, 46 Jahre, Abitur, Beamter und ruhender Pol
Frank: 16 Jahre, Realschüler, Asperger-Autist und »Dreh- und Angelpunkt« der Familie
Markus: 12 Jahre, Gymnasiast, Franks kleiner Bruder, Vertrauter und »Familien-Sonnenschein«
Ella: 12 Jahre, Familienhund mit therapeutischem Talent
Hanna: Mutter dreier Kinder, eines davon mit körperlichem Handicap, Evas humorvolle und witzige Freundin und Vertraute seit 25 Jahren
Iris: weltbeste Ergo- und Physiotherapeutin, Evas Mutmach-Instanz, pragmatische Lösungsfinderin; bereits aus diesem Leben gegangen.

Mein Leben ist Espresso

Katrin Sickel

Meine Mutter und ich sitzen am Kaffeetisch. Wir haben zwei schwarze, dampfende Espressi vor uns stehen, die danach schreien, getrunken zu werden. Wir sitzen noch keine dreißig Sekunden, da gibt es zwischen meinen drei Kindern ein solches Geschrei, dass wir unseren Kaffe erst mal stehen lassen müssen, um auf die Schnelle so wichtige Dinge wie Besitzverhältnisse, das Recht auf körperliche Unversehrtheit, das Recht auf Meinungsfreiheit und angemessene Umgangsformen bis hin zum

Schimpfwortgebrauch zu besprechen. Immer den inzwischen gerade noch warmen Kaffe im Hinterkopf, erledigen wir diese Herausforderungen in Rekordzeit und sind gerade dabei, an den Tisch und zu unserem verlockenden Espresso zurückzukehren, als der eine Sprössling ruft: »Ich muss Kacka!« Alles klar, hinsetzen lohnt nicht. Stimmt! Denn Zwillinge erledigen ja immer alles gemeinsam, also ruft kurz darauf der Zweite.

Ob in der Mikrowelle aufgewärmter Kaffe genauso gut schmeckt wie frischer? Ich weiß inzwischen die Antwort: nein!

Nach der Gesäßreinigung meiner beiden Königskinder fische ich Henry im Vorbeigehen eine Murmel aus dem Mund, schließe mein Eisfach (Henry wollte sichergehen, dass noch Kaktuseis da ist) und dirigiere Henry dann an den Kaffeetisch, um weitere Konflikte zu vermeiden – so eine Pfütze Espresso verdunstet ja auch schließlich irgendwann.

Nach zwei kalten Espressi stellen sich meine Mutter und ich die alles entscheidende Frage: »Gibt es noch was Kleineres als Espresso?«

Mein Leben ist Espresso.

Henry

Henry hat einen seltenen Gendefekt, der allerlei gesundheitliche Probleme mit sich bringt, und er ist Autist. Aufgrund des Gendefekts werde ich in meiner Geschichte häufig von »Behinderung« sprechen.

Henry ist auf den ersten Blick kein »typischer« Autist. Dem Bild vom in sich gekehrten, abgekapselten und stundenlang in der Ecke an Autoreifen drehenden Kind entspricht er so gar nicht.

Im Gegenteil. Henry ist völlig distanzlos, überschreitet permanent die Grenzen. Er fasst Personen ständig ins Gesicht oder an den Körper, unterscheidet dabei nicht zwischen fremd oder vertraut. Henry macht immer Geräusche. Er redet, singt oder macht sich sonst irgendwie bemerkbar, als hätte er Angst, man würde ihn sonst vergessen. Und das tut er ziemlich laut. Dieser permanente Geräuschpegel verhindert eine Kommunikation, wie sie z. B. bei Millionen von Familien am Esstisch stattfindet. Man tauscht sich aus, bespricht, was anliegt. Bei uns ist das nicht möglich, denn wir müssten uns regelrecht anschreien.

Henry spielt nicht, er kann sich nicht allein beschäftigen und braucht 24 Stunden täglich eine Begleitung, die ihm zeigt, wie das Leben funktioniert. Es gibt kaum Fortschritte.

Henry schläft nicht allein, er braucht auch nachts die Sicherheit, wie ein Säugling. Immerhin brauche ich beim Einschlafen nicht mehr seine Hand zu halten. Aber bei ihm sein, das muss ich, bis er eingeschlafen ist und ich mich wie ein Juwelendieb leise aus dem Zimmer schleichen kann, damit er ja nicht wieder wach wird. Vom Feierabend ist dann nicht mehr viel übrig, oder ich bin so müde, dass ich gleich bei ihm im Bett bleibe. Es gibt keinen Raum, um Zeit mit sich oder dem Partner zu verbringen.

Kognitiv ist Henry mit seinen bald zehn Jahren auf dem Entwicklungsstand eines etwa zweijährigen Kindes.

Henry ist für mich wie ein Elektrogerät mit immensem Stromverbrauch, und ich bin der Akku. Er saugt mich regelrecht leer.

Henry ist ein absolutes Wunschkind.

Die Geburt ging für das erste Kind eher schnell, fünf Stunden Kreißsaal, akzeptabel. Das Ende aber war sehr dramatisch, Henry atmete nicht selbständig, musste intensivmedizinisch versorgt werden. Er wurde anschließend in die Kinderklinik verlegt, einige Kilometer entfernt von mir. Das Krankenhaus wurde in den ersten zwei Lebensjahren so etwas wie unser zweites Zuhause. Es war eine anstrengende Zeit, die mich viel Kraft gekostet hat, Henry aber auch, denn die Untersuchungen waren purer Stress für ihn und machten ihm natürlich eine Heidenangst.

Bis zum zweiten Geburtstag war Henry ein Schreikind. Er war immer unzufrieden, schlief schlecht bis gar nicht. Nicht nur ich, die ganze Familie samt Anhang hatte eine neue Aufgabe, denn allein war es nicht zu schaffen.

Es war außerordentlich schwierig, eine Bindung zu Henry aufzubauen. Als er in den Kindergarten kam (aufgrund seiner Behinderung kam er in eine Integrationsgruppe), sprach er noch kein Wort. Drei Jahre hatte mich nun schon dieses Gefühl begleitet, da ist noch etwas. Wir haben etwas übersehen, ich habe etwas übersehen. Plötzlich war er einfach da, der Verdacht, mein Kind könnte Autist sein. Aus meinem Beruf kannte ich das Erscheinungsbild Autismus, darüber bin ich heute sehr froh. Ich nahm sofort Kontakt zu unserem betreuenden Arzt aus dem Sozialpädiatrischen Zentrum auf und besprach mit ihm meine Vermutung. Er stimmte mir zu, und ein Autismuszentrum stellte dann bei dem vierjährigen Henry die Diagnose.

Bei mir stellte sich totale Erleichterung ein. Es gab für alles eine Erklärung. Es gab für das, was mit uns passierte, einen Grund. Und es gab Therapien, es gab Hilfe. Dachte ich damals zumindest noch. Wir probierten also verschiedene Maßnahmen aus, aber nichts brachte durchschlagenden Erfolg.

Heute suche ich nicht mehr für ihn. Heute suche ich nach Überlebensstrategien für mich.

Geschwister

Da Henry in seiner Entwicklung verzögert war, überhaupt nicht spielte und auch im sozialen Kontakt große Probleme hatte, entschieden mein Mann und ich uns für ein Geschwisterchen. Vielleicht ließ er sich ja dadurch etwas anspornen. Zu diesem Zeitpunkt ahnten wir noch nichts von der Diagnose »Autismus«.

Ich frage mich heute oft, ob ich anders entschieden hätte, wenn ich es gewusst hätte. Ich bin mir sicher, es hätte auch mit dem Wissen um den Autismus ein Geschwisterkind gegeben, denn die Hoffnung, damit etwas Gutes zu bewirken, wäre trotzdem da gewesen. Aus dem geplanten Geschwisterchen wurden Zwillinge. Ich bin zutiefst dankbar dafür, dass meine Zwillinge, zwei Jungs, gesund sind. Trotzdem dachte ich: »Super! Jetzt will sich der liebe Gott bei mir dafür entschuldigen, was er mir mit dem ersten Kind aufgebürdet hat.« Netter Versuch, nur sieht die Realität anders aus. Durch Henrys Entwicklungsverzögerung hatten wir, was die Versorgung betraf, nun Drillinge.

Auch mit zunehmendem Alter von Kindern und Mutter werden die Schwierigkeiten nicht weniger. Die Erziehung eines autistischen Kindes ist schon schwierig und überfordert oft meine Kräfte und Nerven. Nun noch Zwillinge dazu, das lässt mich heute alle jemals dagewesenen Erziehungstipps mehr als infrage stellen. Mein Tipp an dieser Stelle: keine Erziehungsratgeber lesen. Selbst die Erziehungsberatungsstelle sah sich mit unseren Problemen überfordert. Darüber war ich sehr enttäuscht. Einerseits. Andererseits bestätigte es mir die Einmaligkeit unserer Situation, und auf diesem Hintergrund kann ich nur sagen: Wir machen es gut. So gut wie möglich. Und auch so gut, wie andere es uns machen lassen.

Henrys Brüder, dreieinhalb Jahre jünger als er, wachsen nicht so unbeschwert auf wie andere Kinder. Obwohl sie die jüngeren sind, wird ihnen jetzt häufig die Rolle der älteren Geschwister zugewiesen, ich bin mir dessen bewusst, aber ich glaube schon, dass das auch eine Chance ist, einige der wirklich wichtigen Dinge im Leben zu lernen: Hilfsbereitschaft, Familienzusammenhalt, Rückhalt untereinander. Mit gerade fünf Jahren sind das natürlich hochgesteckte Ziele, und mir als Mutter blutet schon oft das Herz, wenn mal einer sagt: »Immer kümmerst du dich nur um Henry.« Ich weiß, dass es nicht so ist, denn ich gebe mir wahnsinnige Mühe, meine Aufmerksamkeit trotz der schwierigen Situation gleich zu verteilen. Und auch hier ist sie wieder: die Sonderaufgabe. Klar, andere Kinder, die Geschwister haben, haben auch dieses Empfinden. Konkurrenz unter Geschwistern ist ja auch normal. Nur ist die Konkurrenz im normalen Leben ebenbürtig. Mit Hilflosigkeit zu konkurrieren ist dagegen unmöglich und macht wohl selbst auf eine Art hilflos.

Kontrolle

Ich bin ein Mensch, der gern alles unter Kontrolle hat. Jetzt habe ich die Kontrolle abgeben müssen. Zu einem großen Teil an meinen Sohn. Sich dagegen zu wehren, ist kraftraubend und nervenaufreibend. Das mache ich nur, wenn es mir wirklich, wirklich wichtig ist.

Als ich aufgehört hatte, jeden scheinbar pädagogisch wertvollen Kampf zu kämpfen für Dinge, die mein autistischer Sohn wahrscheinlich ohnehin nie lernen würde, ging es mir erheblich besser. Der Druck nahm ab. Trotzdem ist es unmenschlich anstrengend, jeden Tag nach einem Muster zu leben, das dem eigenen so widersprüchlich und fremd ist. Man kann das aushalten. Einen Tag lang, eine Woche oder auch ein Jahr. Ich halte es jetzt neun Jahre aus, und manchmal will ich nur raus. Raus aus dieser Endlosschleife. Und: das geht – mit den Zwillingen. Hier kann ich es wieder leben, ein normales Miteinander. Bis Henry dazukommt. Und dann prallen zwei noch unterschiedlichere Welten aufeinander, die eines neunjährigen Autisten und die zweier fünfjähriger Zwillinge, die gerade dabei sind, selbst die Regeln für ein Miteinander zu lernen. Und plötzlich bin ich im Auge eines Wirbelsturms.

I had a dream …

Ja, den hatte ich. Zwei Träume sogar, um genau zu sein. Und das ist eigentlich unglaublich.

Im Praktikum in einem Kindergarten betreute ich herzallerliebste italienische Zwillinge. »Später«, sagte ich damals, »möchte ich auch Zwillinge, zwei Jungs!«

Noch etwas später, als ich meine pädagogische Ausbildung angefangen hatte, begegnete mir der Autismus. Und ich wünschte mir von Herzen, nie ein autistisches Kind zu bekommen, denn ich stellte mir das einfach schrecklich vor, diese Beziehungslosigkeit auf der einen und die bedingungslose, allumfassende Mutterliebe auf der anderen Seite.

Beides ist eingetreten, nur bin ich wohl beim zweiten Wunsch irgendwie falsch verstanden worden…

I have a dream …

Träume habe ich im Moment keine, denn Träume beziehen sich ja doch irgendwie immer auf die Zukunft. Darüber denke ich wenig nach. Ich bin einfach zu sehr im Hier und Jetzt beschäftigt, da ist kein Raum für die Zukunft, die Gegenwart verlangt mir alles ab. Auch bin ich sehr bescheiden geworden. Ich freue mich über jeden Tag mit schönen Momenten, in denen alles einfach gut funktioniert und ein Stück Normalität zu spüren ist.

Aber ich habe große Wünsche, leider jedoch nicht mit Geld zu kaufen. Ich wünsche mir eine ganz normale Familie. Eine Familie, die eins ist, und nicht eine, die eigentlich aus zwei Teilen besteht. Denn so ist es häufig. Ein Elternteil kümmert sich um die Zwillinge, der andere nimmt Henry. Wir müssen das tun, denn die Zwillinge haben das Recht auf altersentsprechende Angebote, die oftmals einfach nicht für Henry geeignet sind. Und wir müssen das auch tun, um dem Wirbelsturm zu entgehen, um etwas Ruhe hineinzubekommen.

Wenn ich ein Roboter wäre, ohne Gefühle und ohne Nerven, dann, so glaube ich, wäre ich für Henry der ideale Partner. Er kann mit Gefühlen einfach nicht so richtig etwas anfangen. Aber er bemüht sich, und das rührt mich. Er versucht z. B. manchmal, mich zu umarmen oder zu küssen. Distanziert und sehr ungelenk, aber er scheint verstanden zu haben, dass das etwas ganz Wichtiges ist. Und das ist dann das größte Geschenk, das er mir als Mutter machen kann. Dann empfinde ich so etwas wie Glück.

Das letzte bisschen Partnerschaft

Ich habe mal gelesen, dass sich ein hoher Prozentsatz der Eltern mit behinderten Kindern scheiden lässt. Ich weiß jetzt, warum.

Zeit zu zweit gibt es so selten, dass ich dann gar nichts damit anfangen kann, regelrecht überfordert bin mit der »Partnerzeit«. Wir haben das Übliche versucht: abends eine feste Zeit, um über den Tag zu sprechen, oder auch kleinere Unternehmungen nur wir zwei. Spätestens mit der Geburt der Zwillinge war auch das vorbei.

Die Frage ist, wie lange halten wir das noch aus? Und wenn wir es so lange aushalten, bis Henry einmal seinem Alter entsprechend vielleicht in ein betreutes Wohnheim zieht, wie viel ist dann von uns als Paar noch übrig?

Wir hatten sie schon, die Diskussion um Trennung. Keiner wollte sich von egal welchen Kindern so richtig trennen, damit war die Diskussion zunächst mal vom Tisch. Komischerweise stand genau das im Vordergrund: die Kinder. Es ging gar nicht um uns als Paar oder unsere Probleme. Es ging um die allgemein unerträgliche Familiensituation mit der nächstliegenden Lösung, die Belastung durch das Aufteilen der Kinderkomponenten zu reduzieren und dadurch irgendwie ein Stückchen eigenes Leben zurückzubekommen.

Alleinerziehend zu sein ist aber keine wirkliche Alternative, das ist einfach nicht zu schaffen. Also bleibt alles erst einmal so, wie es gerade ist. Das erschüttert mich, denn es beweist, wie schwer an dieser Stelle unsere Entscheidung, Kinder zu haben, wiegt. Eine Trennung ist nie einfach, geschweige denn schön, schon gar nicht, wenn Kinder da sind. Aber in unserer Situation scheint es irgendwie NOCH schwieriger, NOCH komplizierter zu sein. Ich habe das Gefühl, nicht mal diese Entscheidung treffen zu können oder zu dürfen.

An guten Tagen

Oh doch, es gibt sie! Die guten Tage, an denen ich alles mit einem Quentchen Humor nehmen kann. An denen Henrys Verhalten mir nicht nur auf die Nerven geht, sondern urkomische Situationen hervorruft.

Wie zum Beispiel die alte Dame im Fahrstuhl. Wir fahren oft Fahrstuhl. Eigentlich kein günstiger Ort für uns, denn es gibt keine Möglichkeit zur Flucht. An diesem Tag jedenfalls fuhren wir gemeinsam mit einer alten Frau, einer schwerhörigen alten Frau, wie sich später herausstellte, ins Erdgeschoss. Henry beschimpfte die alte Frau mit »Arschloch« und schaute sie herausfordernd an, völlig gespannt auf ihre Reaktion. Die alte Frau lächelte herzlich und wandte sich an mich: »Was hat er gesagt? Ich kann ihn so schlecht verstehen.« Ich musste mir das Grinsen verkneifen und antwortete: »Oh, er hat ›guten Tag‹ gesagt!«

»Du bist aber ein lieber Junge«, daraufhin die alte Frau, sie strich ihm dabei über das Haar. Henry entgegnete: »Penner!«

»Ja, gleich sind wir unten, gell, du fährst auch nicht so gerne Fahrstuhl.«

Henry: »Hauen!«

Die Frau blickte mich wieder an, und ich übersetzte: »Er hat seinen Namen gesagt, Henry heißt er.«

»Ach, das ist aber ein schöner Name!«, erwiderte die alte Frau.

Dann geriet das Ganze etwas aus dem Ruder, da Henry anfing zu treten. Ich zog ihn unauffällig weg, sodass die alte Dame auch das nicht mitbekam. Inzwischen waren wir Gott sei Dank unten angekommen und stiegen aus.

Zum Abschied sagte die Dame noch: »Da haben Sie aber einen liebenswerten Jungen!«

›Tja‹, dachte ich, ›wie so oft alles eine Frage der Perspektive!‹

Eines ist klar: Je weniger Stress ich mit meiner Umgebung habe, desto weniger Stress habe ich selbst. Ich denke dann, kann es nicht immer so sein?

Henry spricht zwar die deutsche Sprache, nur die Bedeutungen unterscheiden sich leider grundlegend von denen der meisten anderen Leute. Wörter wie Penner und Arschloch gehören ja nun leider nicht zum guten Ton, warum sagt Henry nicht Zuckerschnecke, Sahneschnitte oder Apfelschnute? Irgendetwas, das die Leute nicht so brüskiert? Und vor allem mich als Mutter nicht total bloßstellt? Ich kann (oder sollte) dabei nicht mal erzieherisch wertvoll eingreifen, denn bei Henry führt das zur Verstärkung seines Verhaltens. Er empfindet eine Zurechtweisung als Zuwendung und Ansporn, das Verhalten erneut und stärker zu zeigen, und genau das möchte ich ja nicht. Aber das wird als Mutter ja von mir erwartet, obwohl bei Henry das Ignorieren oftmals am besten hilft.

Die gute Mutter

Ich habe schon einige Artikel gelesen mit dem Titel: »Was ist eine gute Mutter?«

Ich möchte sie so gern sein, die gute Mutter. Wenn ich als Basis dafür die Liebe der Mutter zu ihrem Kind zugrunde lege, dann bin ich es auch, denn ich liebe meinen Sohn, trotz aller Schwierigkeiten. Aber mich hasse ich dafür, mich immer so abhängig zu machen von der Umwelt. Ich wünsche mir oft, wie Heidi auf einem einsamen Berg zu wohnen, wo nicht jeden Tag jemand über mich, meinen Sohn oder meine Erziehung urteilt.

Mein ausgeprägtes Harmoniebedürfnis legt mir hier Steine in den Weg, denn eigentlich könnte ich ganz gelassen mit meinem Sohn durchs Leben gehen und die Reaktionen der anderen Leute ignorieren. Aber das kann ich nicht. Diese Aufgabe habe ich mir gestellt: Tu das, was du für richtig hältst, und nicht das, was andere für richtig halten.

Ich habe damit begonnen, meinen ohnehin seit der Geburt meiner Kinder sehr geschrumpften Freundeskreis auf den Wohlfühlfaktor hin zu überprüfen. Ich habe immer viel Energie in die Pflege meiner Freundschaften gesteckt, habe geholfen, wo ich konnte. Das ist jetzt vorbei. Es kam einfach zu wenig zurück. Ich muss jetzt meine Energie in andere Projekte stecken. Außerdem habe ich auch keine Lust mehr, mich zu ärgern.

Jetzt sind noch zwei, drei Kontakte übrig geblieben, und ich hoffe sehr, dass wenigstens diese Familien weiter zu uns stehen.

Episode »Verkehrte Welt«

Im Café: Henry ist in der Kinderecke und sucht sich Bücher aus. Ein älteres Ehepaar betritt das Café und setzt sich ausgerechnet an den Tisch, der direkt an der Kinderecke steht. Ich stöhne innerlich schon auf und bereite mich auf meinen Einsatz vor, nicht ohne innerlich auf beide zu schimpfen, schließlich sind anderswo genug Tische frei!

Henry ist fertig, dreht sich um, erblickt die beiden, tritt nah an sie heran und schmettert ein lautes: »Arschloch!« hervor. Der Mann lächelt ihn an und antwortet: »Kacke! So 'ne Scheiße sagt man nicht!«

Henry ist das erste Mal seit langem sprachlos und irritiert. Er wirft beiden noch einen Blick zu, nimmt seine Bücher und kommt zu mir.

Ich bin völlig perplex und amüsiere mich köstlich. Endlich hat mal jemand unvorhergesehen reagiert und meinem Sohn vollkommen den Wind aus den Segeln genommen, sodass sein übliches Verhaltensmuster durchbrochen wurde. Keine Schreierei, kein Stress, keine beleidigten oder entsetzten alten Leute.

Diese Reaktion hat mir sehr geholfen, denn sie hat gezeigt, dass auch Henry in der Lage ist, andere Reaktionen zu zeigen als sonst, wenn ihm anders als erwartet begegnet wird. Außerdem habe ich mich sehr gefreut, dass sich diese Situation ohne mein Zutun einfach mal so geregelt hat!

Alternative Energien

Ich habe mir nie die Frage gestellt, warum Henry ausgerechnet in unsere Familie geboren wurde, bis die Zwillinge sie mir mal gestellt haben. Ich hatte nie das Gefühl, irgendwie von irgendwem benachteiligt worden zu sein. Ich habe es akzeptiert, und es ist gut, das mit den Dingen zu tun, die man nun einmal nicht verändern kann, egal, wie sehr man sich anstrengt.

Das Leben ist eben kein Wunschkonzert.

In der Umweltpolitik stellt sich ja häufig die Frage nach alternativen Energien. Auch ich kam schnell an diesen Punkt, denn mein Energiereservoir war durch Henry schnell erschöpft. Neben meinem Mann standen und stehen mir meine Eltern unerschütterlich zur Seite. Sie sind immer da, helfen, wo sie können, und wir haben ein Henry-Turnaround-Konzept entwickelt. Jeder beschäftigt ihn eine Weile.

Manchmal planen wir auch Unternehmungen ohne Henry. Am Anfang hatte ich dabei ein schlechtes Gewissen, aber ich habe gemerkt, dass es einfach allen zugute kommt. Ich kann mich entspannen und muss nicht ständig auf »Stand by« sein, weil wir in der Öffentlichkeit sind, die Zwillinge haben ihre Mama mal für sich allein, und Henry bekommt am Abend eine gut gelaunte Mutter zurück. Das Ganze gipfelt in einem Sylt-Urlaub mit meiner Mutter und den Zwillingen in diesem Jahr, Henry bleibt bei Papa.

Jedes Jahr an meinem Geburtstag mache ich ein »Frauenfrühstück«.

Alle Männer müssen auf die Kinder aufpassen, was an diesem Tag mal ohne Murren möglich ist, schließlich habe ich ja Geburtstag. Schade, dass der nur einmal im Jahr ist. Praktischerweise freut sich mein gesamter Familien- und Freundeskreis das ganze Jahr darauf, also zumindest die Frauen.

Mir genug Zeit für das Verfassen dieses Berichtes freizuschaufeln, war übrigens auch gar nicht so einfach. Es war mir aber wichtig, alles mal loszuwerden. Mit dem Schreiben wird doch vieles klarer.

Gestern habe ich übrigens gerade einen Film gesehen, in dem ging es unter anderem um einen straffällig gewordenen, völlig aus der Bahn geworfenen Jugendlichen. Die Mutter im Film sagte: »Die sagen immer, ich sei schuld! Dabei habe ich noch `ne Tochter, die ist ganz anders. Als Mutter hast du immer die Arschkarte!«

In meinen Augen hat sie recht. Schauen wir, dass die Karten neu gemischt werden!

Ich bin die mittlere von drei Schwestern, das sogenannte »Sandwich-Kind«, dem gern Diplomatie und ein Helfersyndrom nachgesagt werden. Auf mich trifft beides zu.

Von Beruf bin ich Diplom-Sozialpädagogin und jetzt 40 Jahre alt. Mein Beruf macht mir viel Spaß, denn es begegnen mir jeden Tag Kinder, die neugierig die Welt entdecken. Ich kann die Freude und den Spaß in ihren Augen sehen, und das macht mich glücklich. Sicher gibt es auch das Gegenteil, Angst oder Traurigkeit, vernachlässigte Kinder. Aber in der Zeit, in der sie bei mir sind, kann ich ihnen etwas mitgeben, was sie vielleicht weniger traurig und ängstlich oder stärker macht.

Eine Lebensplanung habe ich nicht, denn schon eine Tagesplanung funktioniert nur schleppend. Ich habe nur einen Plan: meinen Kindern eine schöne Kindheit mitgeben, die sie rüstet für das Leben. Leider bin ich darüber so beschäftigt, dass ich vergesse, MIR ein schönes Leben zu machen. Aber das stört mich nicht. Noch nicht.

Mein Leben mit einem Asperger-Kind oder: Das Märchen von der fröhlichen Rama-Familie

Johanna Stadler

Sommerferienstart – und Zeit für einen Rückblick

Die Aufgabenstellung war so einfach zu verstehen – meine eigenen Gefühle und Empfindungen aufzuschreiben, wie ich das Leben mit meinem Asperger-Kind erlebt habe. Hörte sich leicht an, denn ich war ja dabei in meinem Leben und Erleben. Beim Schreiben ist mir dann aber doch aufgefallen, dass ich immer wieder zu meinem Kind abschweife und von meinem Kind erzähle. Es ist gar nicht so einfach, bei mir zu bleiben.

Mein ältester Sohn Mirko war wie jedes meiner Kinder ein Wunschkind, aber dann war doch alles anders als erträumt.

Er schrie stundenlang. Von abends 18 Uhr bis morgens 4 Uhr hielt er uns nachts wach, sein Gesicht lief blau an, und wir wussten nicht, ist er wütend, ist ihm kalt, ist er hungrig, ist er zu müde, ist er zu wach, ist er zu … – egal, was er war. Ich war nur müde, bleiern müde. Und diese Zeit war fürchterlich. Aber wir haben durchgehalten, und irgendwann wurde auch Mirko ein Baby, das schlafen konnte.

Ich war Vollzeitmutter und begeistert von meinem neuen Job. Ich habe mein Baby geschaukelt, getragen, gestillt, mit Wärme geflutet. Ich war mit ihm in der Pekip-Gruppe (Prager Eltern-Kind-Programm), bei der Baby-Massage, beim Babyschwimmen, in der Krabbelgruppe, Musikschule und auch beim Kleinkinderturnen. Natürlich nicht alles zeitgleich, sondern nacheinander. Das Baby sollte zwar Input bekommen, aber dabei nicht überfordert werden. Es hatte also Kontaktmöglichkeiten zu anderen Kindern, die Möglichkeit, die Welt zu entdecken und zu erfahren.

Als ich in die Pekip-Gruppe kam, war Mirko ca. 8 Wochen alt, und die Kursleiterin sagte zu mir: »Mit deinem Kind stimmt etwas nicht. Du solltest das mal überprüfen lassen.« Jedoch blieb diese Aussage von mir ungehört. Ich hatte ein tolles Baby, einen wundervollen Sohn. Der Kinderarzt hatte es bei den Vorsorgeuntersuchungen schwer mit ihm – aber er war halt etwas Besonderes.

Die ersten Gedanken machte ich mir, als ich mit Mirko ins Kleinkinderturnen ging. Alle Kinder hatten Spaß am Spiel an und mit den Geräten. Sie rutschten, rannten, spielten Ball, ließen sich schaukeln und folgten den Aufforderungen der Kursleiterin – nur mein Sohn saß im Nebenraum und sortierte Tennisbälle hin und her. Nichts anderes. Viele gelbe Tennisbälle, die von einer Kiste in die andere und wieder zurück wanderten. Und wehe, einer davon fehlte oder ein anderes Kind wollte sich einen holen.

In der Musikschule wurden die Heizkörper untersucht, während die anderen Kinder die Musikgeräte erkundeten. Nur wenige Musikinstrumente konnten Mirko vom Temperaturregler weglocken.

Immer wieder hatte ich das Gefühl, dass mein Kind anders war und auch ich mit diesem seinem »Anderssein« ausgegrenzt wurde. Mein Kind spielte nicht normal, also führte man auch mit mir keine normale Unterhaltung. Ich hatte das Gefühl, von den anderen Müttern misstrauisch beäugt zu werden – und ausgegrenzt.

Die Zeit bis zum Kindergarteneintritt war anstrengend, jedoch kein Vergleich zu der Zeit, als Mirko sich in eine Kindergruppe einfügen sollte. Der Lärm und die Unruhe, das gemeinsame Spiel mit anderen Kindern, dieses Durcheinander an Menschen, Spielsachen und Geräuschen waren viel zu viel für ihn.

Als er dreieinhalb Jahre alt war, kam er in den Kindergarten und war dort keinen einzigen Tag gerne.

Es gab diverse Highlights, auf die sich alle anderen Kinder freuten: Übernachtung im Kindergarten: Mirko war bei mir an der Hand und sagte: »Mama, ich gehe doch schon tagsüber nicht gerne hin. Warum sollte ich dort eine Nacht verbringen wollen?« Fasching: Mirko ging als Mirko verkleidet, während alle anderen Kinder als Elfe, Hexe, Zauberer, Clown, Cowboy, Astronaut, Polizist, Indianer oder sonst was unterwegs waren.

Eine Urlaubswoche auf dem Bauernhof: Ich hätte ihn gern jeden Tag hinfahren können – aber dort bleiben und dort übernachten – auf keinen Fall!

Ganz schlimm wurde es dann, als die Schwester in denselben Kindergarten und in dieselbe Gruppe kam. An jedem Unglück, das im Kindergarten geschah, war Mirko schuld, selbst wenn er nicht im Raum oder gar nicht in der Einrichtung war. An jedem umgestürzten Bauklotzturm war Mirko schuld, ob er in der Nähe war oder nicht. Als dann auch noch seine vertraute Erzieherin krankheitsbedingt für längere Zeit ausfiel, war seine Bereitschaft, sich einzubringen, gänzlich vorbei. Als er nach einer anderen Erzieherin mit Steinen warf, wurde er vom Kindergartenbesuch erst tage- und dann wochenweise ausgeschlossen.

Wir Eltern gingen zur Erziehungsberatungsstelle und weiter zum Kinderpsychiater und entschieden schließlich, um den Stress zu verringern, ihn früher einzuschulen. Vielleicht war er ja nur unterfordert und wollte Futter für das Gehirn haben. Er aber freute sich nicht darauf, und der Besuch der Schule war ab der ersten Stunde anstrengend.

Natürlich wurde auch mit Ratschlägen und Tipps nicht gespart. Am »wertvollsten« (Vorsicht: Ironie) waren die von kinderlosen Menschen oder von Eltern, die absolut problemfreie Einzelkinder hatten. Es kamen unglaubliche Ratschläge – man müsse viel strenger sein, man müsse das Kind nur mal so richtig über das Knie legen, man müsse Grenzen setzen, man müsse mehr lieben, man müsse weniger lieben. Also ganz klar, die Mutter hat versagt, auf ganzer Linie, und unter Berücksichtigung der Tatsache, dass die Mutter nicht berufstätig war, konnte man auch behaupten, dass die Mutter faul und bequem zu Hause herumsaß, statt sich ordentlich um die Kinder zu kümmern.

Es dauerte nicht lange, und die schulischen Problemgespräche fanden mehrmals wöchentlich statt. Mirko hat dies gemacht – Mirko hat jenes nicht gemacht. Manchmal wurde ich bereits vor Schulbeginn angerufen, dass es heute ja wohl gar nicht geht und ich ihn bitte sofort abholen möge.

Höhepunkt in der ersten Klasse war, dass er mit Steinen an der Schulfassade kratzte. Das wurde von der Schulleitung zur Anzeige gebracht, die Staatsanwaltschaft öffnete eine Akte, wir Eltern wurden zum Erziehungsgespräch zur Polizeidienststelle eingeladen. Nie wurde darüber nachgedacht, ob es vielleicht eine Aufsichtspflichtverletzung innerhalb der Schule war, die zu Mirkos Verhalten beitrug. Die Pausenaufsicht wurde auch zu keiner Schulung eingeladen, wie denn die Aufsicht in der Pause zu handhaben ist.

An ein eigenes Leben, an ein Durchatmen, an eine Berufstätigkeit war gar nicht zu denken. Absolut gar nicht. Mein Leben mit Familie war in eine Sackgasse geraten. Ich war 365 Tage pro Jahr im Einsatz – rund um die Uhr, ohne Entgelt, ohne Zahlungen in die Rentenkasse, ohne Anerkennung. So kämpfte ich mich mit meinem Sohn durch die Grundschulzeit, die von Tag zu Tag schlimmer wurde. So manches Mal stand ich draußen vor dem Schultor und weinte, weil ich es kaum ertragen konnte, mein Kind mit hängenden Schultern in die Schule gehen zu sehen. Ich konnte kaum diese wöchentlichen Beschwerdegespräche in der Schule ertragen, mein Kind aber musste diese Situation jeden Tag ertragen. Für ihn war das eigentlich alles, was er hatte. Sein Lebensinhalt, seine Hauptaufgabe.

Eines Tages kam Mirko nach Hause, hatte eine Beule an der Stirn, die kurz vor dem Platzen war, mehrere blaue Flecken, Blutergüsse und Kratzer im Gesicht. Ein anderer Junge hatte ihn an eine Mauer gestoßen und geschlagen. Ich nahm ihn in den Arm, diesen kleinen verzweifelten Jungen mit diesem lädierten Gesicht, und fragte ihn, das habe doch bestimmt dolle weh getan? Er weinte leise vor sich hin. Ich fragte ihn: »Hat dich denn jemand in den Arm genommen? Hat dich jemand getröstet? Hat sich jemand um deine Schmerzen gekümmert?« Er schüttelte nur den Kopf.

Wo war sie denn da, diese Aufsichtspflicht in der Schule? Wo war der Lehrer, der mir jede Verfehlung meines Kindes sofort am Telefon mitteilen musste – oder, noch besser, mich wieder zum Gespräch einbestellen musste. Wo war der Mensch, der Aufsicht hatte, der meinem

Kind Trost gespendet hätte? Vielleicht im Lehrerzimmer? Ich weiß es nicht. Jedenfalls wurde mein Kind allein gelassen. Warum wurde ich nicht angerufen, ich möge mein verunfalltes Kind abholen, es trösten, mit ihm zum Arzt fahren? Nein, an diesem Tag durfte Mirko mit blutigem Gesicht am Unterricht teilnehmen. Sonst fiel der Griff zum Telefonhörer so leicht.

Bereits in der ersten Klasse wurden wir an eine Beratungsstelle verwiesen, die in einer Förderschule für emotional auffällige Kinder untergebracht war. Dort wurde nach dem systemischen Ansatz gearbeitet. Und diesen Menschen bin ich heute noch dankbar, weil ich nämlich nach jedem Gespräch mit einem aufrechten Rücken den Raum verlassen durfte. Weil die Mitarbeiter mir in jedem Gespräch Mut machten. Mut, zu meinem Kind zu stehen. Mut, mein Kind zu lieben, und Mut, durchzuhalten. Zum ersten Mal nach langer Zeit hatte ich das Gefühl, als verzweifelter Mensch wahrgenommen zu werden. Sie lenkten meinen Blick erstmals auf die positiven Seiten meines Kindes. Ich allein konnte diese gar nicht mehr sehen.

Die Schule hat die Zusammenarbeit nicht verweigert, aber auch nicht zugelassen. Sie fand einfach nicht statt, sodass wir an dieser Stelle als Familie zwar gestrampelt haben, jedoch natürlich keinen Schritt vorwärtsgekommen sind.

Die Schule schlug nun vor, dass der einzige Ort für »so ein Kind« die geschlossene Psychiatrie sei. Zu dem Zeitpunkt war Mirko 7 Jahre alt. Wenn ich diesen Weg gehen würde, wollten sie auch »stillhalten« und noch durchhalten, bis der Termin für den Klinikaufenthalt wäre, und ihn danach auch wieder »zurücknehmen«.

Welche Alternativen hatte ich als Mutter? Also vereinbarte ich dort einen Termin mit dem Chefarzt der Kinder- und Jugendpsychiatrie. Dorthin wurden wir von unserem örtlichen Kinderpsychiater auch gerne und freudig überwiesen.

Wir waren also in der Psychiatrischen Landesklinik. Mirko saß bei mir zusammengekauert unter dem Stuhl. Der Chefarzt betrat die Bühne, sah unter den Stuhl und sagte: »Da muss ich gar nicht lange untersuchen, das ist das hyperkinetische Syndrom – heute auch als ADHS bekannt. Der kommt hier in die Klinik.« Auf meine Nachfrage, wie lange es wohl dauern würde, bekam ich zur Antwort: »Mindestens 12 Wochen.« Auf meine nächste Frage, wie häufig wir ihn besuchen dürften, kam die Antwort: »Wenn er genügend Punkte für gutes Verhalten bekommen hat, dann am Wochenende. Wenn er Abschiedsschmerz verspürt oder Heimweh, werden wir dem Kind diesen Schmerz ersparen und es gibt keinen Besuch.«

Ich war geschockt. So hätte ich mir einen Krankenhausaufenthalt um 1900 vorgestellt. Wir sprechen hier von einem siebenjährigen Kind. Und vor allem: Solche Erziehungshilfen wie Mamaentzug konnte ich meinem Kind zu Hause gar nicht anbieten. Also hätte ich diese Hilfen gar nicht in den Alltag übertragen können. Ich habe also entschieden – dorthin würde mein Kind nicht kommen. Auf keinen Fall!!!!

Danach gab es Vorfälle über Vorfälle. Jeden Tag hatte ich mehr Probleme damit, in der Umgebung einzukaufen oder entspannt spazieren zu gehen. Ich hatte den Eindruck, dass jeder von meinem auffälligen Kind wusste und mich für unfähig hielt, mein Kind zu erziehen. Ich entwickelte Vermeidungsstrategien und wollte vor allem von niemandem auf meinen Sohn angesprochen werden.

Als Mirko die zweite Klasse besuchte, vereinbarte ich einen Termin bei einer Psychologin, die sich auf hochbegabte Kinder spezialisiert hat. Mirko war zu dem Zeitpunkt sieben Jahre alt, und ich wurde von immer mehr Leuten darauf hingewiesen, dass er vielleicht hochbegabt und unterfordert sein könnte. Nun ist das natürlich der Wunsch vieler Eltern, das war und ist mir auch bewusst. Jedoch war es so, dass Mirko, obwohl ein wissensdurstiges und aufgewecktes Kind, nie irgendwelche Glanzleistungen in der Schule zeigte. Also hatte ich die Überlegung in mir – es gibt ja nicht nur Hochbegabung. Es gibt ja auch die Minderbegabung. Man sollte einen gründlichen Blick darauf werfen. Also wurde Mirko getestet. Der Test ergab einen IQ von deutlich über 137. Mir wurde also zu einem hochbegabten Kind gratuliert. Nun wussten wir das. Nur, würde es uns im Alltag wirklich weiterhelfen? Sein Sozialverhalten würde ja nicht akzeptabler sein, nur weil er hochbegabt war. Anstrengend bleibt anstrengend.

Ich habe der Schule die Testergebnisse also nicht einmal vorgelegt. Was hätte es uns gebracht? Das Kind war nicht in einen Brunnen gefallen, sondern bereits in eine Schublade gesteckt worden. Daraus konnten wir uns nicht befreien.

In der dritten Klasse wurde die Situation noch unerträglicher, Tag für Tag. Mirko wurde über längere Strecken nur noch teilzeitbeschult. Er ging zwei bis drei Stunden am Tag in die Schule, mehr würde ihn laut Schule überfordern. Ich beugte mich diesem Wunsch, denn natürlich wünschte ich mir, dass mein Kind überhaupt irgendwo beschult wurde. Und das wiederum sorgte für Unmut unter den Eltern der anderen Kinder. An einem Elternabend ereiferte sich eine Mutter glühend darüber, dass das ein Ding der Unmöglichkeit wäre – ihre Kinder müssten bis in die 5. und 6. Stunde lernen und andere Kinder dürften bereits um 10 oder 11 Uhr die Beine in den Pool hängen. Gut, dass wir gar keinen Pool haben, mein Kind konnte sie also nicht gemeint haben. Oder etwa doch?

Ein weiteres einschneidendes Erlebnis war ein einmaliger Besuch von Mirko bei den Pfadfindern. Es war sein sehnsüchtiger Wunsch, und ich dachte mir, in einer solchen Gruppe würden Gemeinschaft und Nächstenliebe geübt. Warum sollte er es nicht für sich ausprobieren? Vor dem Besuch in der Gruppe informierte ich die drei Gruppenleiter über die Besonderheiten, damit sie ein wenig Aufmerksamkeit in die richtige Richtung lenken konnten. Mirko kam glücklich und begeistert zurück. Noch als er aus den Schuhen schlüpfte, klingelte das Telefon – die Mutter eines Klassenkameraden, die mich übelst beschimpfte. Ihr Sohn würde so gerne zu den Pfadfindern gehen. Ich nähme ihm nun diese Freude, denn wenn mein Sohn dorthin ginge, könnte ihr Sohn nicht mehr dabei sein. Und sie wollte meinen Sohn dort nicht mehr sehen. Mirko stand schweigend neben mir, während ich diese sehr laute Schimpftirade über mich ergehen ließ. Nach diesem beeindruckenden Gespräch rief ich bei den Gruppenleitern an. Mirko war nicht auffällig gewesen. Es war nichts passiert. Die beiden Jungs hätten entspannt miteinander gespielt. Mirko aber wollte nie mehr zu den Pfadfindern.

Dann wurde vom Psychiater empfohlen, eine Medikamentenpause einzulegen. Das sei immer mal wieder erforderlich, damit man erkennen könnte, wie sich das Kind entwickelte. Ich teilte das der Schulleitung mit, und es begann ein großes Wehklagen. Dann müsste ich mich während dieser Testphase in der Aula der Grundschule aufhalten, damit ich immer sofort erreichbar wäre, wenn irgendetwas mit dem Kind vorfiel. Das ging mir dann doch zu weit. Ich brachte einen lieben kleinen Jungen in die Schule und kein gemeingefährliches Monster. Ich bot an, über Handy immer erreichbar zu sein und dann natürlich kurzfristig in der Schule zu erscheinen. Wie erwartet lief diese medikamentenfreie Zeit nicht gut, und ich hatte Mirko die meiste Zeit zu Hause.

Zu einem späteren Zeitpunkt habe ich noch einmal eine solche Pause eingelegt und die Schule nicht darüber informiert. Die Rektorin rief mich an, wie toll sich Mirko zu der Zeit verhielt. Wenn er immer so wäre, hätten nie irgendwelche Gespräche stattfinden müssen (!?). Ich ersparte mir die Mühe, sie nachträglich darüber aufzuklären, dass er also ohne Medikamente besser »funktionierte«. Sie hätte es mir nicht geglaubt oder aber sicher nachträglich noch nach Vorfällen gesucht.

Ich merkte jeden Tag, wie ich immer mehr ermüdete und erlahmte in meinen Bemühungen, mit meinem besonderen Kind ein normales Leben zu führen. Immer wieder ließ ich ihn teilweise vom Kinderarzt und dann auch vom Kinderpsychiater krankschreiben, nur um ihm und mir den Schulbesuch zu ersparen. Dann erhielten wir die Diagnose Asperger-Syndrom. Diese Diagnose habe ich der Schule gar nicht mehr mitgeteilt. Mein Wunsch nach einer guten Zusammenarbeit mit dieser Schule würde sowieso nie erfüllt werden.

Der Kinderpsychiater teilte mir die Diagnose mit und schob mich zur Tür hinaus. Dass für eine Mutter da die Welt zusammenbricht, dass viele Träume ausgeträumt sind, dass neue Wege gesucht werden müssen, all das musste ich mit mir allein ausmachen. Ich stand hoffnungslos auf einer dunklen Straße und wusste nicht wohin.

Eine große Hilfe und Stütze war mir ein guter Freund, dem ich alles erzählen konnte, der von außen auf die Familie und die Situation schauen konnte. Und bei dem ich mich einfach in den Armen verkriechen konnte, der mir Schutz, Wärme und Sicherheit schenkte und mich vor der bösen Welt da draußen beschützte. Er machte mir jeden Tag Mut durchzuhalten. Er behandelte mich wie einen guten, starken, intelligenten Menschen. Einen Menschen, der alles schaffen kann. Und – dies war das größte Geschenk, das mir ein anderer Mensch machen konnte – er hatte Vertrauen zu mir.

Die Schulleiterin eines privaten Gymnasiums ließ sich die Situation beschreiben, sah das Kind an und bewies nicht nur Herz, sondern auch Mut. Sie bemerkte, dass der Junge eine gute Begabung hatte. »Aber er wird sie nicht lebenslänglich haben, wenn sie als Eltern nicht jetzt etwas für ihn tun. Er muss von der Schule weg. Er muss aus diesem schädlichen Klima raus!« Und sie bot uns an, Mirko von der dritten Klasse in die fünfte Klasse springen zu lassen. Sie sagte ganz klar, es sei ein riskantes Spiel. Sie wüsste nicht, ob er diesen Sprung schaffte, notfalls müsste er später eine Klasse wiederholen. Er wäre ja so ein junges Kind.

Die Tränen des Glücks, die ich damals geweint habe, steigen heute noch in mir hoch. Nach drei fürchterlichen Jahren für mein Kind und mich reichte uns jemand die Hand!

Mirko selbst ging es ab dem Tag besser. Er hatte eine Perspektive und wurde noch vor den Sommerferien umgeschult. Schnell kannte er seine Klasse und vor allem seine neue Klassenlehrerin. Zaghafte Freude machte sich in uns allen breit. In der fünften Klasse ist Mirko dann auch recht gut angekommen. Er ging nun auf eine Ganztagsschule, wobei ich sagen muss, dass die Nachmittage schon eine Herausforderung für ihn waren. Er ermüdete sehr schnell. Und wenn er müde wurde, war sein Verhalten nicht mehr zu akzeptieren.

Leider wurde seine Bezugsperson schwanger und hatte einige Fehlzeiten. Mirko wurde in die sechste Klasse versetzt, jedoch merkten wir, dass er am Gymnasium mit seinen acht Jahren doch sehr schnell an seine persönlichen Grenzen kam. In der sechsten Klasse kam dann noch die zweite Fremdsprache hinzu. Da er an Sprachen kein Interesse hat, wurden sie auch sehr schnell zu den Problemfächern. Nach langen Gesprächen entschieden wir uns dafür, ihn freiwillig ein Jahr zurückgehen zu lassen. Dann kam jedoch von der Schule die Forderung, eine Schulassistenz bereitzustellen. Nun war wieder die dicke Krise bei uns angekommen. Schon das Schulgeld spannte unsere Familienkasse sehr an, wie sollten wir nun eine Schulassistenz bekommen und finanzieren?

Ich trat schweren Herzens den Weg zum Jugendamt an und schilderte dort die Sachlage. Vorher wurde mir von Außenstehenden nicht viel Hoffnung gemacht. Das Jugendamt würde Schulbegleiter für Kinder mit Asperger-Syndrom nicht fördern. Das müsste in einer Einzelfallentscheidung vor Gericht erkämpft werden, was viel Zeit in Anspruch nähme. Ich sollte von einem Zeitraum zwischen zwei und drei Jahren bis zu einem rechtskräftigen Urteil ausgehen.

Aber ich wurde angenehm überrascht. Es fand relativ schnell ein Hilfeplangespräch statt. Erst wurde vom Jugendamt signalisiert, dass man sich von der Schule nicht erpressen ließe. Die Betreuung wäre Sache der Schule und keine Aufgabe des Jugendamtes. Ich konnte diese Argumentation auch verstehen, jedoch brachte sie mich keinen Schritt weiter. Der Termin für das Hilfeplangespräch wurde also angesetzt, und ich ging schweren Herzens mit Mirko dorthin. Und noch während des Gespräches wurde die Hilfe bewilligt.

Wieder flossen meine Tränen. Wieder waren so viele Hände da, die Mirko und mir gereicht wurden. Der Abteilungsleiter sagte zu mir: »Dass Sie diesen Jungen zu Hause behalten und ihn nicht in eine Einrichtung abschieben wollen, bewundern wir so, dass wir Sie unterstützen. Wir unterstützen Sie und Ihren Sohn, solange Sie unsere Hilfe brauchen.«

Diese Worte gaben mir so viel Kraft und so viel Mut. Und, ja, ich erkannte an dieser Stelle auch, dass ich nicht alles, aber doch einiges richtig gemacht habe.

Es ging also an der Schule weiter. Mirko war zwar sehr enttäuscht, dass er eine Klasse zurückgestuft wurde, und konnte sich mit den Sprachen nie anfreunden. Jedes Jahr bestand die Gefahr, dass er wegen dieser Fächer sitzen blieb. Die Rückstufung war in dieser Hinsicht also kein Erfolg gewesen. Und doch konnte er in dem zusätzlichen Jahr reifen und sich altersmäßig wieder ein wenig an seine Klassenkameraden annähern. In der achten Klasse sagte Mirko einmal in einem Hilfeplangespräch, als viele Erwachsene sorgenvoll auf die gefährdete Versetzung blickten: »Dann ziehe ich den Bauch ein wenig ein, und dann geht da schon noch was.« Wir Erwachsenen überlegten uns danach, ob er den Notendurchschnitt unter Umständen sehr genau im Auge hatte und sehr exakt kalkulierte. Nachweisen konnten wir das allerdings nie.

Die fünfte und sechste Klasse waren an dieser Schule anders strukturiert als an den meisten Gymnasien. Dort wurde nach einer ganz bestimmten Philosophie unterrichtet. Die Kinder hatten feste Regeln und Strukturen, eine Pädagogin begleitete die Klasse den ganzen Tag und stellte somit eine Konstante bei den verschiedenen Fachlehrern dar. In der siebten Klasse wurde dieser doch sehr geschützte Raum umgeschwenkt auf normalen gymnasialen Unterricht. Wir waren uns darüber einig, dass Mirko noch etwas Hilfe brauchte, damit er mit dieser anstrengenden Situation gut klarkommen konnte.

Wir bewarben uns an einer Landesklinik für Kinder- und Jugend-Psychiatrie mit angeschlossener Autismus-Ambulanz. Dort wurde eine spezielle Familientherapie angeboten. Also fuhren mein Sohn und ich dorthin und verbrachten einige Wochen gemeinsam dort. Auch die Geschwisterkinder und der Vater wurden in die Therapie mit einbezogen. An den Wochenenden durften wir jeweils nach Hause fahren und das während der Woche Geübte im realen Leben ausprobieren. Wir bekamen Hausaufgaben auf, die es im Alltag zu bewältigen galt. Ich wurde in Bezug auf Asperger geschult, und Mirko bekam sehr genau erklärt, warum er in Bereichen Probleme hatte, die von anderen Kindern absolut leicht und locker gelebt wurden.

Diese Wochen haben uns gutgetan. Mein Sohn und ich wurden eine gute Einheit. Wir hatten die Möglichkeit, Zeit füreinander zu haben.

Endlich Zeit, die frei von Erziehungsstress und Reibereien war. Wir konnten lernen, gemeinsam die Seele baumeln zu lassen.

Das war bis heute meine wichtigste Zeit, dort habe ich viel über mich und mein Kind gelernt. Ich habe erfahren, wie stark ich bin und wie ich meinem Kind gut helfen kann. Es war eine Zeit, in der ich gefördert und endlich wieder einmal wertschätzend behandelt wurde. Ich war dort nicht die Mutter, die an jeder Kleinigkeit scheiterte, sondern mir wurde signalisiert, dass ich schon vieles gut und richtig gemacht habe.

Hier habe ich auch erfahren, was Resilienz ist. Meine Stärke, die aus mir kommt. Meine Liebe zu meinen Kindern macht mich stark. Und ich habe gelernt, dass ich mit Humor und Leichtigkeit den Ansprüchen der Welt leichter genügen kann. Ich bin nicht perfekt. Mein Kind ist nicht perfekt. Und sind all die Menschen, die verächtlich auf mich geblickt haben, denn wirklich so perfekt?

In der siebten Klasse wurde das Leben wieder etwas härter. Es gab eine Mädchengruppe, die sich sehr auf Mirko eingeschossen hatte. Er wurde gemobbt und gequält. Selbst der Schulbegleiter hatte Mobbing auszuhalten und konnte Mirko vor den Übergriffen nicht schützen. Die siebte Klasse habe ich also nicht wirklich in guter Erinnerung. Zu der Zeit wurde in einem Hilfeplangespräch auch entschieden, dass Mirko eine Schulkoordinatorin bewilligt bekommt, die uns Eltern unterstützen und schauen sollte, wo das eigentliche Problem für so manche Verhaltensauffälligkeit lag.

Diese Schulkoordinatorin informierte und schulte auch die Lehrer und die Klassenkameraden im Hinblick auf das Störungsbild Asperger-Syndrom. Sie klärte auf, wo die Stärken und wo die Schwächen des betroffenen Menschen liegen. Mit der Koordinatorin konnten wir Eltern viele lehrreiche und ermutigende Gespräche führen. Mit ihr zusammen habe ich gelacht und geweint. Bei den Gesprächen wurde schnell deutlich, dass ich am Rande einer Depression war und dringend Hilfe brauchte. Diese Hilfe konnte ich mir dann selbst ermöglichen, indem ich eine neue Rolle für mich fand. Ich konnte eine neue Berufsausbildung beginnen, mit der ich eine komplett neue Lebensperspektive bekam. Es war zwar neben der Familie nicht immer einfach, Zeit für mich und meine Bücher zu finden. Aber ich hatte den Willen und den Ehrgeiz. Und dieses Wissen darum, dass ich noch etwas Neues schaffen konnte, machte mich stark.

Wieder streckten sich mir zwei helfende Hände entgegen, die mich drei Jahre lang begleitet und mich mit allen meinen Emotionen so angenommen haben, wie ich bin. Dafür möchte ich hier gerne »Danke« sagen.

Mirko bekam nun eine Fachlehrerin, die ihn unterstützte und förderte. Sehr schnell entwickelte sich ein Vertrauensverhältnis zwischen Kind und Lehrerin, welches Mirko über einige Jahre hinweg sehr stärkte. Mit dieser Lehrerin konnte er viele Sorgen und auch freudige Dinge besprechen, für die wir Eltern nicht die geeigneten Ansprechpartner waren. Hier konnte er erzählen, wenn es zu Hause oder auch in der Klassengemeinschaft Stress gab. Er konnte auch von seinen Erfolgen berichten, er konnte seine Sorgen dort lassen. Er bekam eine Konstante in seinem Leben, die ihm mehr emotionale Kompetenz vermitteln konnte, als wir Eltern es vielleicht gekonnt hätten. Und diese Fachlehrerin führte auch innerhalb der Lehrerschaft immer wieder vermittelnde Gespräche, wenn es wieder Probleme gab.

An dieser einen Person kann man sehen, wie wichtig es ist, dass ein Kind einen ihm wohlgesonnenen Erwachsenen zur Seite gestellt bekommt. Und meist ist es Zufall, ob man im Leben einen solchen Menschen findet.

In der neunten Klasse wechselte das Lehrerteam, das war ein großes Glück für Mirko. Die neue Klassenlehrerin, eine zierliche junge Frau, trat ihm vollkommen unvoreingenommen gegenüber. Und es gab keine Probleme. Sie ging mit ihm wertschätzend und freundlich um – und seine Reaktion auf sie war angemessen und entspannt. Der Unterricht lief bei ihr problemlos. Das hätten wir ein paar Jahre vorher nie zu hoffen gewagt. Auch die Deutschlehrerin erzählte mir beim Elternsprechtag, dass sie vorher nicht über das Asperger-Syndrom informiert worden war. Zwar hätte sie ein paar Eigenarten bemerkt, jedoch wären ihr diese nicht weiter aufgefallen. Auch hier war Mirko somit von einem Tag auf den anderen offenbar ein normales Lernen möglich.

Wichtig und hilfreich waren für Mirko insgesamt immer die zugewandten, fantasievollen und engagierten Lehrer, die auch bereit waren, mal einen anderen Weg als den üblichen zu gehen.

Ich konnte mein Kind nicht immer lieben. An manchen Tagen war ich zu verzweifelt und zu einsam. Dieses Wissen darum machte mich unglaublich traurig – eine Mutter hat ihr Kind zu lieben und zu unterstützen, immer, egal, was los ist. Ich fühlte mich als Versagerin.

Ich bin froh, dass ich heute mit meinem Sohn darüber sprechen kann. Ich kann ihm sagen, wie schwierig manche Dinge für mich waren, wie einsam ich mich gefühlt habe, wie verzweifelt ich war, wie anstrengend die Situation war. Ich hoffe, dass er es irgendwann verstehen und mir die Ungerechtigkeiten verzeihen kann, die ich gesagt und getan habe.

Vor kurzem auf dem Weg zur Schule kam Mirko noch einmal zurück. Er öffnete die Wohnzimmertür, schaute mich lange an und sagte zu mir: »Mama, ich hab dich lieb.« Vielleicht können Sie ahnen, wie ich mich in dem Moment gefühlt habe. Noch jetzt kann ich die Wärme in mir aufsteigen spüren. Mein Herzschlag beschleunigt sich, und in mir macht sich Liebe breit. Liebe für meinen wundervollen Jungen, der so mutig und unverzagt seinen Weg gegangen ist. Der heute ein fröhlicher und hilfsbereiter Teenager ist. Der davon überzeugt ist, dass ihm die Welt offensteht.

Viele mögen sich jetzt die Frage stellen, was mein Bericht mit der »Rama-Familie« zu tun hat.

Nun, ich habe früher im Vertrieb gearbeitet und mich sehr für Werbung interessiert. Die Werbepausen waren für mich interessanter als die Filme, in welche die Werbung eingebettet war.

Im Fernsehen wird ja immer wieder dargestellt, wie Familienleben sein muss. Da ist die glücklich lächelnde Mutter, die strahlend jeden Fleck in der Wäsche begrüßt. Im Hintergrund weht schneeweiße Wäsche auf der Leine, während vom heimkehrenden Kind der Schlamm tropft. Das Kind wird in den Arm genommen, während die Waschmaschine fast von allein blütenrein wäscht. Die Mutter meckert nicht und ist immer liebevoll entspannt. Sie ruft den Namen eines Fertiggerichtes zur Haustür hinaus, und die eigenen Kinder kommen in Begleitung der Nachbarskinder, und alle sitzen strahlend am Tisch. Andere Familien kommen nass und durchgefroren nach Hause, und nur eine Tütensuppe stellt das Wohlbehagen wieder her. Da verknoten sich selbst die Suppenlöffel vor Freude. Ein Kindergeburtstag wird erst so richtig schön, wenn ein kleines, als Riegel verpacktes Törtchen im Zelt ausgepackt wird. Und das Wischen und Putzen wird nur von freudig strahlenden und tanzenden Frauen erledigt, weil der Großteil der Arbeit vom Reinigungsmittel übernommen wird. Natürlich sind auch alle Fenster immer streifenfrei rein. Und so könnte ich noch lange weiter aufzählen. Habe ich erwähnt, dass ich Werbung mag?

Und dann gibt es noch die glückliche, rund um den Frühstückstisch vereinte Familie, die ihre Kraft für den Tag hauptsächlich aus Margarine bezieht. Hier sitzt sie – meine Rama-Familie. Harmonisch, fröhlich, glücklich.

So werden wir jeden Tag von der Werbung in Hypnose geführt – verführt, uns vorzustellen, wie eine Familie auszusehen hat. Die Familien leben immer alle glücklich, sauber und zufrieden bis ans Ende ihrer Tage – wohlduftend, fröhlich, einander positiv zugewandt.

So eine Familie habe ich mir erhofft und erträumt. Ich wollte mit meinen Kindern glücklich sein, gemeinsam lachen können, gerne gemeinsame Zeit verbringen, gerne zusammen sein.

Diese Enttäuschung, dass alles so ganz anders war als erhofft, nagte sehr schwer an mir. Ich habe bei Ausflügen andere Familien beobachtet, die so unbeschwert wirkten, und war neidisch. Neidisch auf deren unbeschwertes Leben. Jedoch wurde mir auch sehr schnell bewusst, dass ich auch hier nur die Fassade der Familie sah. Vielleicht waren diese Menschen häufig auch nicht so unbeschwert miteinander, wie es an einem bestimmten Sommer-Sonntag den Anschein hatte.

Nicht alle Träume werden wahr. Doch dann lebt man andere Träume. Nicht jedes Ziel kann man erreichen. Dann wählt man einen anderen Weg oder ein anderes Ziel.

Ach so. Oben habe ich geschrieben: Sommerferienstart.

Mirko besucht heute ein Gymnasium und wurde soeben mit 14 Jahren in die 10. Klasse versetzt. Die Kopfnoten bescheinigen ihm, dass er nicht auffällig ist. Er hat sein erstes Betriebspraktikum gemacht und ein gutes qualifiziertes Zeugnis bekommen. Nicht nur das. Die Firma hat ihn eingeladen, das nächste Praktikum auch wieder bei ihnen zu machen, und sie haben sich für die gute Zusammenarbeit bedankt.

Ich habe nicht aufgegeben.

Ich habe meinen Sohn nicht aufgegeben.

Mirko und ich fangen jeden Tag neu an.

Er ist jeden Tag mein Motor und meine Motivation.

Johanna Stadler ist 49 Jahre alt und lebt mit Mann, Kindern und Hunden in Niedersachsen. Von Beruf ist sie Heilpraktikerin für Psychotherapie und arbeitet selbständig in eigener Praxis. Die Schwerpunkte sind systemisches Coaching und Hypnosetherapie. Ihre Hobbys sind die Familienhunde, Wandern, Bücher und Fotografieren.

Alles Erziehungssache!?

Yvonne Schulz

Es waren einmal Vater, Mutter, Kind, dieses erste Kind, ein kleines Mädchen, das den ganzen Tag lächelte und das von jedem geliebt wurde, ein Mädchen aus der Kategorie »pflegeleichter Sonnenschein«. Es war ein absolutes »Anfängerkind«; nachdem die Dreimonatskoliken vorbei waren, gab es keine Schwierigkeiten mehr.

Und ich, überheblich wie ich war, dachte mir bei jedem, der über die Schwierigkeiten mit seinem Kind klagte: »Alles Erziehungssache, bei uns klappt es ja schließlich!!«

Dann aber wurde ich erneut schwanger, und als das kleine Wunder geboren war, zeigte sich, dass meine Nerven lange nicht so strapazierfähig waren, wie ich immer glaubte, denn der kleine niedliche Fratz schlief anfangs selten länger als zwanzig Minuten durch. Er ließ sich nur auf einer Seite stillen, da er mit einem Schiefhals bzw. KISS-Syndrom zur Welt kam. Deshalb musste er regelmäßig zur Krankengymnastik, was meine Nerven nicht wirklich besserte. Er schrie nämlich vor Anstrengung so herzzerreißend, dass es schwer war, diese Übungen dreimal täglich zu machen. Immer wieder saß ich weinend in der Ecke. Nie wieder hörte man von mir den Ausspruch »alles Erziehungssache«, denn mein Bauchgefühl prophezeite mir, dass das noch schwierig werden würde. Nicht Kategorie »pflegeleicht«.

Kuscheln? Ohne mich!

Ich glaubte, wenn ich schon mein Anrecht auf Schlaf verloren hatte, so könnte ich doch wenigstens mit diesem kleinen Geschöpf kuscheln. Doch das war sehr schmerzhaft. Wenn ich ihn nicht in seiner Lieblingsposition im Sitzen auf dem Arm hielt, strampelte er sich so zurecht, dass er seinen großen Zeh in mein Bein oder meinen Bauch (oder was er sonst gerade erreichte) hineinbohrte. So war das Kuscheln morgens im Bett oder abends auf dem Sofa schnell vergessen. Bei jedem Versuch tat es mir körperlich weh, und wenn ich ihn allein liegen ließ, schmerzte es in der Seele. Die einzige Nähe, die er zuließ, war beim Stillen, und auch das nur auf der linken Seite.

Schlaf, was ist das?

An Schlaf war auch in den nächsten Jahren kaum zu denken, es dauerte noch bis zum Alter von vier Jahren, bis er mehr als zwei Stunden am Stück schlief. Meine Augenringe reichten gefühlt bis zu meinen Füßen.

Der Versuch, in einen Beruf einzusteigen, ging phänomenal in die Hose. Mein süßer Fratz war, wenn ich Glück hatte, um Mitternacht im Bett. Um sechs Uhr sollte ich auf der Arbeit sein. Der Weg dorthin war nicht weit, also sollte es reichen, um fünf Uhr aufzustehen. Ich musste mir keine Sorgen machen, denn verschlafen konnte ich nicht. Zwischen zwei und drei Uhr morgens kam der Süße, drängelte sich in mein Bett und bohrte seinen Zeh in mein Bein, was zum Wecken fast so gut war wie ein starker Kaffee. Auch wenn ich auf die Couch flüchtete, war es um vier dann endgültig vorbei, denn dann suchte er nach einem Spielzeug, und wenn ich nicht schon vom Suchen wach war, so folgte nun ein Konzert mit allem, was klapperte oder rauschte.

So ging ich täglich mit etwa dreieinhalb Stunden Schlaf zur Arbeit, was nicht lange gut gehen konnte. Erst wurde mein Sohn alle paar Tage krank, und nach einer Weile blieb niemand mehr aus meinem Umfeld, den ich schon wieder fragen wollte, ob er nicht das kranke Kind betreuen könnte. Mein »Schuldenkonto für Gefälligkeiten« wuchs und mein schlechtes Gewissen auch. Als ich notgedrungen selbst für die Krankheitstage meines Sohnes freinahm, wurde mein Arbeitgeber langsam ungeduldig mit mir. Auch ich selbst hielt dem Druck nicht mehr stand, ich war nervlich am Ende, und auch mein Körper machte schlapp. Der Arzt schrieb mich krank. Und jeder machte mir Vorwürfe, dass ich unfähig sei, meine Aufgaben zu bewältigen. Mein Arbeitgeber warf mir vor, ich wolle nur »blaumachen«, mein Mann erklärte, ich sei eine schlechte Hausfrau. Der Kindergarten lobte ausschließlich meinen Vater (der die Kinder nur zum Frühstück betreute), er hätte seine Enkelkinder wundervoll erzogen, während sie sich bei mir beklagten, dass mein Sohn sich einfach merkwürdig verhielt. In den Augen der anderen war ich als Mutter und Ehefrau also in allen Aufgabenbereichen durchgefallen.

Und irgendwann kam dann noch ein weiterer Zwerg hinzu.

Maamaaaaaaaaaa??!!!!!!!!!!!!

Ich liebte Spontanität, nie zu wissen, was als Nächstes kommt, von null auf hundert in wenigen Sekunden. Ich liebte das Leben, das einem Düsenjet ähnelte, aber das ist vorbei. Nun führe ich eher das Leben einer Dampflok: zuverlässig, stetig und unaufhaltsam vorwärts.

Wo also bleibe ich?

Meinen Beruf kann ich nicht weiterführen, das schaffe ich nicht, meine Hobbys habe ich schon vorher aufgegeben. Und lange Zeit hatte ich nichts außer meiner Familie. Mit viel Organisation und inzwischen größeren, zuverlässigen Geschwisterkindern ist es mir nun wenigstens ab und zu möglich, meinen Interessen nachzugehen. So bekomme ich mein Leben wieder, doch dies verlangt ein gut funktionierendes Team.

Die Situation macht mich traurig, und ich habe Angst, dass die Dinge nicht so laufen werden, wie ich es mir für meinen Sohn wünsche. Aber auch um mich selbst mache ich mir Sorgen, denn es nagt an mir, dass ich nicht arbeiten kann, und ich sehe einer Zukunft entgegen, in der ich auf keinerlei finanzielle Absicherung bauen kann. Aber ich bin auch stolz, dass meine Kinder so sind, wie sie sind. Mein Sohn hat Fähigkeiten, die viele Gleichaltrige in den Schatten stellen, leider aber hat er keinen »Menschen-kompatiblen Vorführmodus«. Beispielsweise kann ich ihn nicht allein in die Stadt gehen lassen, da er nicht in der Lage ist, in einer großen Menschenmenge mit der zwischenmenschlichen Distanz richtig umzugehen. Er kann nicht deutlich machen, dass es keinen Angriff darstellen soll, wenn er andere anrempelt. Er ist kein kleines Kind mehr, deshalb verzeiht man ihm solche Verhaltensweisen, die für andere unverständlich sind, nicht mehr.

Was hilft mir außerdem?

Mir helfen gute Gespräche sehr, und manchmal merke ich dann, dass ich nach außen hin stark wirke, aber in Wirklichkeit sehr verletzlich bin. Und manchmal ist es genau umgekehrt, dann erscheine ich schwach, und man erkennt nicht immer auf den ersten Blick, was ich zu leisten in der Lage bin, aber mithilfe lieber Menschen erkenne ich, wie viel ich schaffen kann, wenn ich nicht aufgebe. Oft finde ich dann auch Wege, wieder Kräfte zu mobilisieren. Ich entdecke, dass auch andere Menschen nicht unfehlbar sind, und finde es beruhigend, deshalb auch selbst nicht perfekt sein zu müssen. Auch anderen Kindern gelingt es mühelos, sich danebenzubenehmen, dazu ist kein Autismus nötig. Ich finde, dass ich zweifellos die besten Kinder der Welt habe;

die »Mängel«, die sie aufweisen, machen sie zu Menschen, zu Unikaten – und in Sammlerkreisen weiß man, dass Unikate die höchsten Werte erzielen.

Und was ist schon normal? Meine persönliche Definition von Normalität ist: Normal ist es, so zu sein wie die Mehrheit der Menschen – aber jeder ist anders. Also ist Anderssein die Normalität.

Was ist das Geheimnis des Durchhaltens? Das Leben verläuft nicht geradlinig, alles hat seine Zeit, es gibt gute Phasen, die Kraft schenken, weil alles läuft – und sobald man vergisst, dass diese Sorglosigkeit nur eine Phase ist, folgt der Sturzflug ins nächste Tal.

Wenn es mir gut geht, geht es meiner Familie gut. Und wenn es meiner Familie gut geht, geht es auch mir gut. In stabilen Phasen kann ich anderen helfen; wenn ich dagegen selbst Hilfe brauche, muss ich mich auf die Gemeinschaft verlassen können. Aber oft bekommt man nur Unterstützung, wenn man darum bittet, was mir nicht leichtfällt, weil ich oft zu stolz dafür bin. Manchmal können gute Freunde erst dann helfen, wenn man endlich zugibt, dass man am Boden ist.

Was du einem meiner Kinder antust, tust du mir an

Mitunter ist es sehr schwer, die Mutter eines Kindes mit Asperger-Syndrom zu sein. Es kostet Überwindung, dem eigenen Kind Dinge zu verwehren, aber nicht deshalb, weil das Kind eine Gefahr für seine Umwelt wäre. Vielmehr sind die Gefahren, die von der Umwelt ausgehen, für das Kind oft sehr undurchsichtig und schwer zu erkennen. Mobbing eines Kindes mit Autismus scheint, entgegen jeder Vernunft, in der Gesellschaft akzeptiert zu sein. Manchmal denke ich mir, wann immer ich mein Kind der Gesellschaft ausliefere, fühlt es sich so an, als würde ich es ihnen zum Fraß vorwerfen. So fällt es mir immer wieder schwer zu verstehen, dass die Aufsicht führenden Lehrer nicht den Mut haben, sich auf die Seite der schwächeren und »merkwürdig« erscheinenden Kinder zu stellen und stattdessen die mobbenden Kinder noch in ihrem Verhalten bestärken. In solchen Situationen würde ich gern mein Kind nehmen und nie wieder loslassen.

Aber ich weiß natürlich, dass das nicht möglich ist und für ihn im Grunde auch nicht wünschenswert, weil ich ihm nicht wirklich helfe.

Bedeutung der Diagnose Asperger-Syndrom für mich

Zuerst erklärte die Ärztin dem Kind, es sei nicht normal. Verständlicherweise brach es in Tränen aus, die Welt stürzte ein. Und Mamas instinktive Reaktion, das gebrochene Kind in den Arm zu nehmen und ihm zu erklären, dass dies kein Weltuntergang ist, wurde sofort von der Ärztin gerügt. Ich solle ihm keine falschen Versprechungen machen. Anschließend bekam ich dann die Diagnose in einem Gespräch mit einer weiteren Dame im Nebensatz mitgeteilt, es wurde vor meinen Augen und Ohren gefachsimpelt, welche Art von Autismus vorliege, und anschließend half man mir, dass mein Sohn die Schule wechseln durfte. Ich bekam keine Informationen, wie es weitergehen könnte, was hilfreich sein würde und was nicht. Man ließ mich in dem Glauben, es sei eine Krankheit, die durch die richtige Therapie geheilt werden könnte, und es dauerte lange, bis ich begriff, dass der einzige Fehler darin besteht, dass dieses Kind nicht in das Raster der Gesellschaft passt. An ihm selbst ist alles in Ordnung, nur die Maßstäbe, die nötig sind, um sich in der Gesellschaft zurechtzufinden, passen nicht zu diesem Kind.

Es wurde mir vieles erzählt, was ich besser machen müsste, aber nur jemand, der einem mitteilt, dass man mindestens genauso viele Dinge durchaus richtig macht, hilft wirklich weiter. Und so danke ich allen, die mir dies gesagt haben.

Ein Autist kommt selten allein

Andrea Dünow

Schon seltsam, was eine Diagnose alles verändern kann. Bei uns hat sie das komplette Leben verändert, positiv verändert. Früher gehörten Wutausbrüche und Verweigerungen bei unserem Sohn zum normalen Tagesablauf, man konnte fast schon die Uhr danach stellen. Jeder war gereizt, freundliche Worte kamen kaum noch über die Lippen. Gegenseitige Vorwürfe, Tränen der Verzweiflung, ein ständig schreiendes und sich verweigerndes Kind, Stress, alles war vorhanden, nur keine Ruhe, kein richtiger Zusammenhalt, keine glückliche Familie. Dabei fing alles so harmonisch und glücklich an.

Mit der Familienplanung hatten wir eigentlich abgeschlossen, wir waren eine glückliche Patchwork-Familie. Dann wurde ich wieder schwanger, und so bekamen wir ein nicht geplantes, aber doch erwünschtes gemeinsames Kind. Ich hatte bereits einen 14-jährigen Sohn aus einer anderen Beziehung, und mein Mann brachte zwei Kinder aus erster Ehe mit in unsere Beziehung, die aber nur unregelmäßig an den Wochenenden bei uns waren.

Es kam zu einer schweren Komplikation, einem Geburtsstillstand in der Eröffnungsphase, ich musste notoperiert werden, und mein Kind kam per Kaiserschnitt zur Welt. Zum Glück ging alles gut, mein Sohn war wohlauf. In der Folge allerdings schrie er nur und war kaum zu beruhigen. Brust anlegen war schier unmöglich, und so blieb es nicht aus, dass ich am dritten Tag einen Milchstau hatte. Meine Gynäkologin riet mir, abzustillen – und das, bevor ich eigentlich so richtig angefangen hatte zu stillen. Erst Kaiserschnitt, dann kein Stillen, wie sollte ich denn nur eine erste feste Bindung zu meinem Kind aufbauen? Ich hatte große Angst.

Auch in der Folge ließ der Stress nicht nach. Mein Sohn schrie fast ununterbrochen, schlafen war für ihn ein Fremdwort, auch das Trinken fiel ihm schwer. Wenn wir ihn auf den Arm nahmen, damit er mal etwas weniger schrie, erreichten wir damit das Gegenteil. Meine Nerven lagen blank. Der Kinderarzt aber konnte nichts Auffälliges feststellen. Eines Tages, als ich wieder einmal versuchte, meinem Sohn die Flasche zu verabreichen, klingelte das Telefon. Ich legte ihn aufs Sofa, gab ihm mit einer Hand die Flasche und mit der anderen nahm ich den Hörer. Plötzlich trank er. Er trank so dermaßen schnell, dass man glauben konnte, er wäre ausgehungert. In der Folge probierte ich erneut diese Lage aus und merkte, dass er immer dann trinken wollte, wenn er auf dem Sofa lag und ich ihm scheinbar teilnahmslos die Flasche gab. Sobald ich ihn im Arm hielt, gab es dagegen nur Geschrei. Ich merkte allmählich, dass ich ein Kind hatte, dem man kein Lächeln abgewinnen konnte, das keinen Blickkontakt zu uns hielt und scheinbar keine Nähe wollte. Natürlich gab ich dem Kaiserschnitt mit all den Komplikationen die Schuld, denn ich hatte ja keine Möglichkeit, eine richtige Bindung zu meinem Kind aufzubauen.

Unser Sohn zeigte keinerlei Interesse an seinem Babyspielzeug. Er schaute zwar neugierig durch die Gegend, aber Beschäftigung fand er nicht. Im Großen und Ganzen entwickelte er sich in dieser Zeit aber relativ normal. Er fing recht früh an zu krabbeln und zog sich überall hoch, wo er Halt fand. Auch das Laufen klappte super, nach nur einigen kurzen Gehversuchen an der Hand lief er los. So gab es auch in dieser Zeit nur den nötigsten Körperkontakt, keine Kuschelphasen. Er brabbelte viel vor sich hin, die eigentliche Sprache kam leicht verzögert, aber da machten wir uns keine Gedanken. Der eine früher, der andere eben später, und nach und nach kamen die Wörter auch immer deutlicher heraus. Büchern, Katalogen und Zeitschriften widmete er die meiste Zeit, wenn er sich mal beschäftigte, was nicht so oft vorkam. Meistens rannte er nur wild durch das Haus oder saß ganz ruhig auf dem Boden. Man wusste nie, wann oder warum er vom wilden Herumtoben in diese stille und ruhige Phase wechselte, es war immer unterschiedlich, aber es erschien mir sehr auffällig.

Unser Sohn wurde älter, aber seine Art wurde für uns fast unerträglich. Diese Zustände sprach ich immer wieder beim Kinderarzt an, aber ich wurde nur mit »das sind nur Phasen« oder »Sie müssen sich besser durchsetzen und die Sanktionen verschärfen« vertröstet. Ich wechselte in dieser Zeit drei Mal die Kinderärzte, langsam hatten wir hier kaum noch Auswahl, aber von allen hörte ich immer nur dasselbe.

Klugen Ratschlägen von Freunden und Bekannten zufolge war unser Sohn zu wenig unter Gleichaltrigen. Unser sehr kleiner Freundes- und Bekanntenkreis enthielt hauptsächlich Kinder im Alter unseres ältesten Sohnes, so blieb es nicht aus, dass er wenig mit Kindern seines Alters zusammenkam. So ging ich mit ihm zu einer Krabbelgruppe. Ich fühlte mich dort nicht wohl, aber so ging es mir immer, wenn ich irgendwo hinmusste in eine fremde Umgebung, zu fremden Menschen, überhaupt, wenn es Veränderungen gab in meinem Leben.

Die Auffälligkeiten bei unserem Sohn aber wurden nicht besser. Er redete zu Hause nur noch das Notwendigste, meistens schrie er. Er spielte anders. Er fing an, seine Autos immer in derselben Anordnung aufzustellen. Dies machte er auch mit Steinen oder mit Zweigen und Ästen, die er beim Spazierengehen sammelte. Das war seine Art zu spielen.

Seine Tobsuchtsanfälle wurden schlimmer, aber nur zu Hause. Gingen wir mit unserem Sohn irgendwohin, war er das liebste Kind. Er saß auf unserem Schoß bzw. daneben, sagte nichts, schrie nicht, saß immer eng bei uns, sodass wir diese Zeit mit unserem Sohn genossen. Es passierte auch oft, dass er plötzlich anfing zu fiebern oder zu zittern, wenn wir wieder irgendwo fremd waren. Dann musste ich kurze Zeit später immer mit ihm nach Hause. Dies beunruhigte mich aber weniger, da ich das von mir als Kind ja auch kannte. Die anderen Leute sahen also immer nur einen ganz lieben und ruhigen Jungen, und unseren Erzählungen, dass er zu Hause der Teufel in Person war, glaubte uns niemand.

Kurz nach seinem dritten Geburtstag kam er dann in den Kindergarten, und ich fing wieder an zu arbeiten. Mir graute davor. Ich sah ihn schon förmlich an mir kleben und hörte sein Geschrei, wenn ich den KiGa verlassen würde. Aber nichts von dem traf ein. Er ließ wie eine Puppe alles über sich ergehen. Ich konnte weggehen, ohne dass er auch nur eine Regung zeigte. Im Kindergarten sprach er nicht. Er spielte dort für sich, malte oder puzzelte. Wenn ich ihn abholte, spielte er oder saß irgendwo. Die Erzieher trösteten mich, da er noch relativ jung war, das würde mit der Zeit schon alles kommen. Aber es kam nichts.

Dann stand die Vorschuluntersuchung für die Vierjährigen an, die unser Sohn jedoch verweigerte. Die Amtsärztin bat um ein Gespräch und glaubte an Angstzustände. Sie gab mir die Adressen einer vor Ort neu niedergelassenen Kinderärztin und eines Kinderpsychologen. Dort hieß es erst einmal warten, bis ich einen Termin bekam. In der Zwischenzeit durchsuchte ich das Internet. Ich gab alle möglichen Suchbegriffe ein, die mit den Auffälligkeiten meines Kindes etwas zu tun hatten. Immer kam ich auf dasselbe Ergebnis: AD(H)S. Ziemlich viele Punkte passten, aber überzeugt war ich dennoch nicht, denn ich kannte einige AD(H)S-Kinder, die doch anders waren als mein Sohn.

Ich rief in der empfohlenen Kinderarztpraxis an, obwohl ich mir kaum Hoffnung machte, dass diese Ärztin anders sein sollte als alle bisherigen. Mein Sohn hatte bisher sämtliche Untersuchungen verweigert. Aber ich wollte nichts unversucht lassen, griff zum Hörer und bekam relativ schnell einen Termin – und zufälligerweise zeitgleich auch nach langer Wartezeit einen ersten Gesprächstermin beim Kinderpsychologen. Mein Verstand empfahl mir, beide Termine anzunehmen.

Zunächst berichtete ich der Kinderärztin von meinem Sohn, seinen Auffälligkeiten und meinen Bedenken. Ich merkte, dass sie mir zuhörte, was in der Vergangenheit nicht allzu oft vorgekommen war. Schließlich sprach sie erstmals das Wort Autismus aus. In meinem Kopf fing es an zu arbeiten, da ich über Autismus nicht besonders viel wusste, aber ich kannte »Rain Man«, und die Nachbarin meiner Arbeitskollegin hatte eine kleine Tochter mit frühkindlichem Autismus. Sie aber schaukelte den ganzen Tag immer hin und her, und weder im Film noch in diesem kleinen Mädchen erkannte ich meinen Sohn.

Aber als wir unser Gespräch fast beendet hatten, wies sie mich noch ganz unauffällig auf meine Schuhe hin. Ich sah nach unten und entdeckte ein wahres Kunstwerk an Knotentechnik, das mein Sohn während des Gesprächs aus meinen Schnürsenkeln erzeugt hatte. Die Ärztin erklärte: »Auch das ist typisch für Autisten.«

Ich setzte mich an den PC und gab das Wort Autismus in die Suchmaschine ein. Gleich beim ersten Treffer las ich etwas vom Asperger-Syndrom, und ich glaubte in diesen Aufzählungen meinen Sohn zu erkennen. Unglaublich. Tagelang saß ich nun am PC und gab immer wieder Autismus ein bzw. Asperger, und immer und immer wieder las ich Dinge über meinen Sohn.

Sechs Wochen nach dem Gespräch mit der Kinderärztin hatte ich nun den Termin beim Kinderpsychologen. Ich überlegte, ob ich ihm von dem Verdacht erzählen sollte, entschied mich aber erst einmal dagegen. So schilderte ich noch einmal alle Auffälligkeiten, und der Psychologe erklärte, das höre sich sehr nach Autismus an. Ich erhielt einen neuen Termin mit Kind. Seltsamerweise bockte mein Sohn nicht, als wir die Praxis betraten. Er war nur sehr still und anhänglich, wirkte sehr ängstlich. Der Psychologe unterhielt sich zunächst mit mir über belangloses Zeug, bevor er ein Memory-Spiel hervorholte. Mein Sohn kam unter dem Tisch hervor, schaute sich die Memory-Karten an, während wir beide spielten, und ohne Aufforderung deckte er gleich einige Paare auf. Nach der Stunde erhielt ich neue Termine zur Diagnostik und sehr viele Fragebögen.

Mein Sohn und der Psychologe kamen sich schnell über verschiedene Spiele näher. Bereits beim vierten Termin konnte ich im Wartezimmer sitzen bleiben. Da wusste ich, hier war ich richtig, hier war mein Sohn gut aufgehoben. Nach nur drei Monaten hatten wir die Diagnose, die Auffälligkeiten unseres Sohnes hatten endlich einen Namen: F 84.5 – Asperger-Syndrom.

Unser Sohn erhielt nun Verhaltenstherapien und wir Eltern-Therapie, damit wir lernen konnten, besser auf ihn einzugehen und ihn zu verstehen. Allmählich wurde mir immer stärker bewusst, wie viel mir diese Therapiestunden selbst brachten und wie stark mir plötzlich einige der Auffälligkeiten auch an mir selbst auffielen. Zum ersten Mal kam mir der Verdacht, dass das Asperger-Syndrom vielleicht auch mein Anderssein erklären könnte. Aber diesen Gedanken schob ich erst einmal beiseite, denn jetzt wollte ich so viel wie möglich über Autismus wissen. Also fing ich an, das Internet zu durchforsten. Langweilig sollte mir ab dieser Zeit nie mehr werden.

Innerhalb der Familie wurde nun vieles besser, wir machten jeden Tag neue kleine Fortschritte, nicht nur unser Sohn, sondern hauptsächlich wir Eltern lernten jeden Tag dazu und konnten so besser auf unseren Sohn eingehen und ihn besser verstehen. Bei meiner Suche im Internet fand ich ein Autisten-Forum, und trotz anfänglicher Unbeholfenheit fühlte ich mich dort sehr schnell angenommen und gut aufgehoben. Alle meine Probleme fanden hier Anklang, ich bekam Antworten auf Fragen, die mir zuvor noch niemand beantworten konnte. Ich musste mich nicht ständig neu erklären. Schnell lebte ich mich in diesem Forum ein, wurde dort Moderatorin und gründete auch eine Selbsthilfegruppe für Eltern von autistischen Kindern.

Je mehr ich mich in die Thematik Autismus eingelesen hatte und je mehr Autisten ich nun persönlich kennenlernen durfte, desto mehr fing ich an, auch mein Leben neu zu durchleuchten. Könnte es denn sein, dass auch ich autistisch war? Wieso sah ich viele Dinge so vollkommen normal, bei denen andere ständig Auffälligkeiten bemerkten? Warum fühlte ich mich in einer Menschenmenge unwohl, in der andere Spaß und Freude empfanden, und weshalb ging es mir gut im Kreis von Autisten, die doch eigentlich so »anders« waren? Immer öfter erwischte ich mich dabei, dass meine Gedanken um die Vergangenheit kreisten. Mir fiel meine Schulzeit ein, meine Familie, die Freunde, die ich nie wirklich hatte, meine Ausbildungszeit, mein Leben. Ich konnte und wollte mit niemandem darüber sprechen, also fing ich an zu schreiben. Hier durfte ich frei heraus alles aufschreiben, was mir aus der Vergangenheit plötzlich an Auffälligkeiten an mir auffiel, ohne dass ich mich mit Kommentaren aus meinem näheren Umfeld herumärgern musste. Mein Verdacht verstärkte sich, aber ich war nicht bereit dazu, den entscheidenden Schritt zu wagen. Wozu auch, bisher verlief mein Leben relativ gut. Ich funktionierte, wie man es von mir erwartete, warum also sollte ich etwas ändern? Ich hatte Spaß an meiner ehrenamtlichen Arbeit und lernte immer wieder neu hinzu. Viele neue Erfahrungen konnte ich in unser Familienleben mit einbringen, sie kamen allen zugute.

Unser Sohn war inzwischen ein guter Schüler, und seine Lehrer gingen wunderbar auf seine Besonderheiten ein. Er hatte vier Freunde in der Schule, mit denen er gelegentlich auch einmal in seiner Freizeit spielte, und die Eltern dieser Freunde wurden von mir eingeweiht in das »Anderssein« unseres Sohnes. Anfangs ganz vorsichtig, aber diese Eltern zeigten Interesse an dem Thema und waren völlig überrascht, als sie davon erfuhren. Sie luden mich mit meinem Sohn ein, damit dieser die fremde Umgebung bei ihnen zu Hause kennenlernen und später dann vielleicht auch mal allein zum Spielen vorbeikommen konnte. Sie nahmen sehr viel Rücksicht, wenn es um Einladungen zu Geburtstagsfeiern oder andere Dinge ging. Sie hatten Angst, etwas falsch zu machen, und sie wollten nicht, dass unser Sohn enttäuscht nach Hause kam. Es war alles so perfekt. Die Erfahrung, dass andere sich Gedanken machten und wollten, dass es unserem Sohn gut ging, überwältigte mich einfach.

Es gab Momente, in denen ich sogar ein bisschen eifersüchtig war auf meinen Sohn. Er hatte in der Schule mehr Freunde als ich in meinem gesamten bisherigen Leben, er war beliebt. Ich hatte während der Schulzeit nur eine beste Freundin gehabt und meine fast gleichaltrige Cousine, die mir immer zur Seite stand und auch bis heute steht. Lange Zeit glaubte ich, auch Freunde zu haben, aber es waren immer die Freunde meiner Geschwister, die Freunde meiner Schulfreundin, die Freunde meiner Cousine – es waren nicht wirklich meine Freunde. Aber das erkannte ich erst, als ich anfing, über mein Leben nachzudenken. Vermisst habe ich diese Freunde früher nie, ich war gerne allein, und das Glück, eine Freundin zu haben, fand ich sehr viel wert.

Da ich mir vorstellen konnte, dass es ab der dritten Klasse neue Schwierigkeiten geben würde, fing ich rechtzeitig an mit dem Planen. Ich wusste, dass ab dem dritten Schuljahr Schwimmen in der Schule anstand, unser Sohn aber die Materie Wasser mied. Schon wenn es um das Baden ging, gab es immer Kämpfe. Ich musste mir nun also etwas einfallen lassen, damit die neue Hürde für unseren Sohn gut genommen werden konnte. Natürlich hätte es die ganz »einfache« Methode gegeben: Befreiung vom Schwimmunterricht. Aber das ist nicht mehr so leicht, wenn man ein Kind hat, das unter keinen Umständen in der Schule auffallen möchte – mit einer Befreiung würde er auffallen.

Wir vereinbarten bereits Monate vorher, dass wir öfter ins Schwimmbad gingen, uns einfach nur umsahen, ohne dass wir uns umkleideten bzw. überhaupt in die Nähe des Wassers gingen. Nie jedoch kamen wir weiter als bis zur Eingangstür des Schwimmbades. In unserem Garten standen ein Planschbecken und eine Dusche, damit er sich mit dem Wasser vertraut machen konnte. Aber die Zeit ging dahin, der Erfolg blieb aus, und das neue Schuljahr rückte immer näher.

In den letzten Wochen der Sommerferien bekam unser Sohn immer häufiger Bauchschmerzen und Durchfall. Ich suchte mit ihm den Kinderarzt auf, aber organisch war alles in Ordnung. Ich vermutete eine psychische Ursache: die Angst vor dem Schwimmen! Wir machten die Schwimmlehrerin mit der Problematik unseres Sohnes vertraut und einigten uns darauf, dass er mit zum Schwimmunterricht gehen, aber nicht gedrängt werden sollte, Kontakt mit dem Wasser aufzunehmen oder sich auch nur umzuziehen. Das beruhigte mich sehr, und ich spürte auch eine sofortige Erleichterung bei ihm.

Irgendwann stand dann der erste richtige Schwimmunterricht an. Ich gab meinem Sohn morgens seine gepackte Schwimmtasche mit zur Schule. Bevor er in Richtung Schule marschierte, sagte ich ihm noch einmal, dass er keine Angst haben musste, da er selbst entscheiden durfte, wie weit er gehen wollte. Er ging mit einem Lächeln auf den Lippen. Natürlich war auch ich selbst an diesem Tag sehr nervös und schaute ständig auf die Uhr. Ich rechnete mit einem Anruf aus der Schule und der Bitte, ihn abzuholen, und so verließ ich nicht das Haus. Mittags kam er dann aus der Schule, fing sofort an zu schimpfen und bewarf mich mit seiner Schwimmtasche.

Ich traute mich kaum nachzufragen, und so half ich ihm erst einmal aus seiner Jacke und den Schuhen. Dabei stellte ich schon fest, dass die Socken und die Hose total nass waren. Mein erster Gedanke war natürlich, das er versehentlich in die Hose gemacht hatte. Ich fragte vorsichtig nach, was denn passiert war. Nun sprudelte es heftig aus ihm heraus. Er machte mir Vorwürfe, hatte ich ihm doch keine Unterhose in die Schwimmtasche gepackt. In meinem Kopf gab es ein großes Fragezeichen? Wieso frische Unterhose? Er hatte doch morgens eine frische angezogen, wieso noch eine zweite? Es dauerte einige Zeit, bis ich verstand, was alles passiert war. Aber es dauerte eine halbe Ewigkeit, bis ich es verarbeiten konnte. Er war mit ins Wasser gegangen! Ich musste ihn sofort in den Arm schließen und ihm sagen, wie stolz ich in diesem Moment war. Ich konnte es zulassen.

Aber er verstand es nicht. Seine Sachen waren nass, da er die Schwimmhose über seine Unterhose gezogen hatte – er wusste es nicht anders, war er doch seit Jahren mit uns nicht mehr beim Schwimmen gewesen, und diese Kleinigkeit vergaß ich zu erwähnen, als wir zu Hause das selbständige An- und Ausziehen nach dem Duschen übten. So ging er also beim Schwimmunterricht mit Unterhose und Badehose ins Wasser und hatte anschließend keine Unterhose zum Wechseln und musste die nasse anbehalten. Das war die Erklärung, warum seine ganzen Sachen nun nass waren, und ich war natürlich schuld daran.

Aber meine Freude über den Mut meines Sohnes, trotz seiner Ängste mit ins Wasser zu gehen, schob alles andere in den Hintergrund.

Mein Sohn hatte den Mut zu einem für ihn sehr schwierigen Schritt aufgebracht, wieder einmal deshalb, um in der Schule keine Auffälligkeiten zu zeigen.

Unser ältester Sohn stand inzwischen vor seiner Abschlussprüfung zum staatlich geprüften Techniker. Die schriftliche und die praktische Prüfung waren geschafft, nun musste er noch zum mündlichen Examen. Ich saß gerade am PC, als er von der Prüfung nach Hause kam. Freudestrahlend betrat er das Wohnzimmer und zeigte stolz auf seine Urkunde. Er hatte die Prüfung mit einer glatten Zwei bestanden. Innerlich machte ich einen Luftsprung und war stolz wie Oskar. Leider zeigte ich dies aber nicht nach außen. Außer einem »Herzlichen Glückwunsch!« kam nichts aus mir heraus. Keine Umarmung, kein Satz, der meine Freude und meinen Stolz zum Ausdruck gebracht hätte. Er verließ das Wohnzimmer. In diesem Moment wurde mir bewusst, dass ich nicht in der Lage war, spontane Emotionen zum Ausdruck zu bringen und meine Gefühle offen zu zeigen. Mir liefen die Tränen. Nun wäre es am einfachsten gewesen, wenn ich zu ihm gegangen wäre, ihn einfach in den Arm genommen hätte und ihm mitgeteilt hätte, wie stolz ich auf ihn war. Aber nein – ich saß nur da und weinte. Ich war nicht in der Lage, es ihm auf irgendeine Art und Weise mitzuteilen. Als mein Mann am Nachmittag nach Hause kam und ich ihm vom Prüfungsergebnis erzählte, kam auch gerade mein Sohn in die Küche. Mein Mann nahm ihn sofort ihn den Arm, drückte ihn, und sie beide freuten sich. Ich stand da, und mir liefen wieder die Tränen. Ich zog mich zurück. In diesem Moment war mir klar, ich musste das Gespräch mit meinem Sohn suchen, ich musste ihm von meinem Verdacht erzählen, und ich war nun auch bereit, den entscheidenden Schritt in Richtung Diagnostik zu gehen.

Ich sprach zum ersten Mal mit meinem Mann über meinen Verdacht, über meine Gedanken und warum ich nun diesen Schritt gehen musste. Ich hatte nicht damit gerechnet, aber er sagte nur: »Du machst das schon – du bist auf dem richtigen Weg, wenn du es selbst so siehst und erkennst.« Ich hatte also seine Unterstützung, und das war mir sehr viel wert. Wieder einmal war ich mächtig stolz auf meinen Mann und sein Verständnis.

Schließlich führte ich auch mit meinem Sohn ein für mich sehr wichtiges und gutes Gespräch. Für ihn aber waren meine Reaktionen der Freude völlig normal. Er kannte es ja nicht anders von mir. Während ich mir Gedanken machte über die Bindung zu meinem Sohn, war es für ihn normal so. Wir kamen immer tiefer ins Gespräch, und nun führte auch mein Sohn Beispiele auf, worüber er sich immer gewundert, was er aber nie angesprochen hatte. Seine Worte »Das bist halt du und ich kenne dich ja nicht anders« habe ich immer noch im Kopf.

Die Probleme bei unserem anderen Sohn nahmen nun zu. Die Wochenenden verliefen fast immer gleich. Er war krank, hatte Bauchweh, Durchfall und weinte viel, wenn er in seinem Zimmer war. Wenn ich das Zimmer betrat, versuchte er die Tränen zu vertuschen und schaute weg. An einem Sonntagabend setzte ich mich zu ihm auf den Boden und fing an zu reden, dass ich als Kind auch viel allein in einer Ecke gesessen und geweint hatte, wenn ich etwas auf dem Herzen hatte und niemanden mit meinen Problemen belasten wollte. Ich zählte einige Beispiele auf, auch einiges aus meiner Schulzeit und dass auch ich den Schwimmunterricht überhaupt nicht mochte, dass ich aber immer alles über mich habe ergehen lassen und mir nun einfach wünschte, dass mein Sohn eine schönere Schulzeit verlebte als ich selbst. Ich spürte, dass er immer interessierter zuhörte. Dann fragte er plötzlich: »Was würdest du machen, wenn ich Schwimmen hasse?« Meine Antwort war schnell parat. Ich erklärte ihm, dass es nicht ausreicht, wenn man ein Schulfach einfach nur hasst, damit man Erleichterungen oder eventuell sogar eine Befreiung erhält. Aber es gibt Möglichkeiten, wenn man es gut begründen kann. Ich beschloss, ihn für den nächsten Tag in der Schule zu entschuldigen, da wieder Schwimmen auf dem Stundenplan stand. Ich rief unseren Kinderpsychologen an, schilderte unser Problem und bekam sofort einen Termin. Wir setzten uns nun mit der Schule in Verbindung und versuchten, auch hier eine geeignete Lösung für unseren Sohn zu finden. Wir wurden uns schnell einig, dass unser Sohn vom Schwimmunterricht befreit werden sollte, und schon bald blieben Bauchschmerzen und Durchfall aus. Wir waren erleichtert, dass wir uns für den richtigen Weg entschieden hatten.

Zwischenzeitlich habe ich meine Diagnose erhalten. Anfangs war es ein seltsames Gefühl. Ich brauchte viel Zeit für mich. Ich musste mich sammeln, sortieren, meine Vergangenheit noch einmal Revue passieren lassen. Es war ein Befreiungsschlag. Mein Leben lang habe ich nur funktioniert, nun fange ich an zu leben. Man verändert sich ja nicht, nur weil man eine Diagnose hat, aber man sieht die Welt plötzlich anders, vieles ergibt nun einen Sinn.

Meine Familie und unser Bekanntenkreis haben es erstaunlich gut aufgenommen und akzeptiert. Anfangs natürlich mit vielen Fragezeichen, schließlich habe ich immer einen Weg im Leben gefunden, der mich vorangebracht hat.

Aber viele Wege musste ich über lange Umwege gehen, da der einfachste Weg für mich nicht zu schaffen war, und diese Umwege möchte ich nun meinem Sohn ersparen und ihm einige Abkürzungen aufzeigen, die sicher auch viele Höhen und Tiefen in seinem Leben mit sich bringen werden, aber mit Sicherheit nicht so viele Sackgassen, in denen ich mich verlaufen habe. Den direkten Weg werden wir wohl nie schaffen, aber auch auf Umwegen findet man neue und gute Wege, und diese werden wir nun gemeinsam gehen.

Mein Leben hat sich verändert. Positiv verändert, denn ich habe das letzte Puzzleteil gefunden, das ich mein Leben lang gesucht habe. Der Weg war steinig, aber er hat sich gelohnt.

Andrea Dünow, Baujahr 1966, ist selbst Autistin, verheiratet und hat zwei Söhne (geboren 1990 und 2004), der jüngere der beiden ist ebenfalls Autist. Sie ist gelernte Rechtsanwalts- und Notarfachangestellte, Gründerin der Autismus-Peine-Selbsthilfegruppe, weiterhin ehrenamtlich tätig als Moderatorin im Autismus-Forum Deutschland und im Support-Bereich bei Autisten-im-Netz und AutiBe (AutismusBeratung). Seit Januar 2014 arbeitet sie selbständig mit einem Kleingewerbe »AD – Awareness Design« – Themenschmuck und Accessoires, überwiegend aus dem Bereich Autismus.

Die Wohnungstür klappt zu … nun bin ich allein!

Hanne Fink

Der Kaffee ist gekocht, und die Schokolade liegt bereit. Auch für den Wein ist gesorgt, und die Wohnung ist aufgeräumt und sauber! Es gibt keine Ausflüchte. Mein Mann und mein Sohn sind für ein Wochenende unterwegs, damit ich nicht nur gedanklich bei mir sein, sondern auch genügend Zeit und Ruhe finden kann, diesen Bericht ohne familiäre Verpflichtungen und Ablenkung schreiben zu können.

Nun soll es also um mich als Mutter eines autistischen Kindes gehen.

Bereits in der Vorbesprechung zu diesem Buch haben wir in unserer Mütterrunde festgestellt, dass wir fast unzertrennlich mit unseren

Kindern verbunden sind. Immer wieder drehen sich die Gedanken und Gefühle um die Kinder. Natürlich ist es einfacher, über meinen Sohn Jens und seine Entwicklung in den letzten 14 Jahren zu sprechen als über mich als Mutter.

Trotzdem fange ich mit mir an. Ich bin 48 Jahre alt und mit 33 Mutter geworden. Aufgewachsen bin ich in einer Kleinstadt. Meine Eltern waren Lehrer, und so waren Leistung, Moral und Ehrlichkeit, aber auch viel Ironie und Humor die Begleiter meiner Kindheit. Ich würde mich selber als lebenslustige, kreative, einfühlsame, engagierte, intelligente und humorvolle Frau beschreiben. Ich bin mit einem liebevollen, einfühlsamen und ebenso humorvollen Mann seit 15 Jahren verheiratet. Unser gemeinsamer Sohn wurde mit 10 Jahren als Asperger-Autist diagnostiziert. Jens ist ein Einzelkind, was er auch bleiben möchte, so äußerte er sich öfter zum Thema Geschwister. Aber das war natürlich nicht seine Entscheidung. Anderssein war und ist für mich immer positiv besetzt.

Nach meiner Ausbildung und meinem Studium habe ich einen Job in Berlin angenommen und dort bis zur Geburt meines Sohnes gelebt und gearbeitet. Da mein Mann einen Job in einer anderen Stadt angeboten bekam und ich ein Kind erwartete, zogen wir dann kurz vor der Geburt um. Im Oktober kam unser Sohn ohne größere Komplikationen auf die Welt. Es musste zum Schluss mit der Saugglocke nachgeholfen werden, was Jens aber gut mitgemacht hatte.

Sollte das bereits ein Zeichen seines möglicherweise lebenslangen Bedarfs an Hilfestellungen im Leben sein?

Wir waren sehr glücklich. Ich hatte über die Geburtsvorbereitungskurse andere Mütter kennengelernt, die auch neu in der Stadt waren, und so trafen wir uns regelmäßig mit unseren Kindern und tauschten uns aus. Das gab mir in den ersten Monaten sehr viel Halt, ich fühlte mich dann nicht so allein in der neuen Umgebung.

Meine Schwiegereltern und Eltern kamen uns häufig besuchen, und wir fuhren oft übers Wochenende mit Jens zu Freunden und Verwandten. Diese vielen Ortswechsel und die neuen Gesichter machten ihm nichts aus, solange wir immer in der Nähe waren. Wir waren der Anker und der Halt – und das ist bis heute so geblieben.

Je älter Jens wurde, umso mehr schien ich als Person zu verschwinden, und ich fühlte mich bald in der Rolle als Mutter nicht mehr ausgefüllt. Ich wollte gerne wieder meine Talente und mein Wissen im Beruf einsetzen. So beschloss ich gemeinsam mit meinem Mann, dass ich meinen alten Job wieder in Teilzeit mit etwa 15 Wochenstunden aufnehmen sollte. Was aber sollte mit Jens in der Zeit passieren? Eine Krippe kam für uns nicht infrage, und schließlich fanden wir eine kompetente und liebenswerte Tagesmutter, die zwar so ganz anders lebte als wir, aber wir fanden das eher positiv und bereichernd. Neben Jens gab es dort noch ein anderes Kind und zwei eigene Töchter, die aber schon im Kindergartenalter waren.

Der Tagesmutter fiel nach einigen Monaten bereits auf, dass mit Jens irgendetwas nicht stimmte. Für mich war das allerdings noch kein Grund zur Besorgnis. Viele Entwicklungsschritte traten einfach nur später ein als bei anderen Kindern. Jens hatte sich relativ schnell an den neuen Tagesrhythmus und die neuen Menschen gewöhnt, war aber immer sehr erleichtert und weinte herzzerreißend, wenn ich vor der Tür der Tagesmutter stand und ihn abholte. Die Tagesmutter vergewisserte mir glaubhaft, dass Jens den Vormittag ganz unbeschwert mit dem zweiten Kind verbracht hatte. So vergingen die ersten drei Lebensjahre als kleine Familie recht unbeschwert, auch wenn die Doppelbelastung von Beruf und Familie manchmal sehr anstrengend war.

Als Jens 1,5 Jahre alt war, zogen wir in ein Mehrfamilienhaus mit Garten und vielen Kindern. Ich hatte mir das Leben dort so herrlich vorgestellt – nur kurz die Tür aufmachen, und Jens könnte mit den anderen Kindern spielen, auch Übernachtungen bei den Kindern im Haus würden allen beteiligten Eltern mal wieder Abende der Zweisamkeit bescheren.

Es hätte so toll werden sollen. Nun – Jens zog es vor, in der Wohnung zu bleiben und nur mit mir gemeinsam in den Garten zu gehen. Die Momente, in denen er mit den anderen Kindern Kontakt aufnahm, waren sehr rar. Allein in der Wohnung wollte er auch nicht bleiben, und so zerplatzten nach und nach viele meiner Vorstellungen von einem Leben in einer nachbarschaftlichen Gemeinschaft mit Kindern. Jens machte es immer am meisten Spaß, zu Hause in einem Lexikon zu blättern, an Spielzeugautorädern zu drehen oder mit mir spazieren zu gehen und Hausnummern, Autos und Logos von Einkaufsläden zu betrachten. Oft fühlte ich mich einsam und allein, aber wir haben immer wieder auch viel Spaß miteinander gehabt und viele schöne Stunden miteinander verbracht.

Als Jens drei Jahre alt war, kam er in den Kindergarten. Die Eingewöhnung lief relativ unkompliziert – nicht besser oder schlechter als bei anderen Kindern. Für Jens war es zunächst spannend, so viele neue Spielsachen zu erkunden, die Menschen dagegen waren ihm egal, wie es schien. Nach wenigen Monaten liefen die ersten Gespräche mit den Erzieherinnen. Jens zeigte keine Mimik, versteckte sich auf dem Außengelände nur in den Ecken und lachte überhaupt nicht. Das konnte ich in keiner Weise nachvollziehen, da unser Kind zu Hause natürlich lachen konnte und durchaus Mimik zeigte. Erste Verunsicherung machte sich bei uns breit. Was bedeutete das? Wahrscheinlich war er eben ein sehr schüchternes Kind und spielte gerne allein. Das hatte ich ja auch schon festgestellt. Aber das war nichts, was mich beunruhigt hatte.

Erst als sich die Gespräche mit den Erzieherinnen häuften und eine Psychologin vom Jugendamt hinzugezogen wurde, waren wir verunsichert. Was hatten wir falsch gemacht? Wir fragten uns, was wir tun könnten, um dieser sogenannten Entwicklungsdyspraxie zu begegnen. Gleichzeitig war Jens' Sprachgebrauch von unglaublicher Präzision (z. B. Sichelmond statt Mond) und alles andere als altersgemäß. Wir waren sehr verunsichert. Wenn ich heute darüber nachdenke, hätte man schon sehr früh einen Autismus feststellen können. Doch was hätte das geändert? Für mich war Jens nach wie vor mein toller, etwas anderer Sohn, den viele sehr spannend und interessant fanden und finden, auch wenn er ihnen oftmals mit angeblicher Ignoranz begegnet.

Schule – nun sollte es für Jens bald in die Schule gehen! Gerne hätte ich ihn noch ein Jahr länger im Kindergarten gelassen, aber da wäre er auch unterfordert gewesen. Er interessierte sich immer sehr für die Hausaufgaben der Schulkinder. Schule aber hätte ihn total überfordert, was uns bei der Eingangsuntersuchung in der Schule auch bestätigt wurde. Was also war los mit diesem Kind? Wir waren ratlos! Ich fühlte mich unter Druck gesetzt, Entscheidungen zu treffen, die ich nicht treffen konnte. Was sollte ich bloß tun?

Da kam die Rettung. Mein Mann hatte die Gelegenheit bekommen, für drei Jahre in Kalifornien zu arbeiten. Ich war ganz Feuer und Flamme, denn ich hatte inzwischen zehn Jahre lang in meiner Firma gearbeitet und war immer begeistert, neue Wege zu gehen und die Welt kennenzulernen. Ich dachte mir, das wäre auch für Jens eine tolle neue Erfahrung, und außerdem müssten wir dann in Deutschland keine Entscheidung treffen, was die schulische Laufbahn betraf. Wenn wir zurückkämen, könnte Jens in die 3. Klasse gehen und hätte noch zwei Jahre Zeit, bis die Schullaufbahnentscheidung fallen würde. Ich nahm mir vor, in den drei Jahren in Amerika auch über meinen eigenen beruflichen Weg neu nachzudenken und gegebenenfalls auch einen Neuanfang zu planen und vielleicht die Malerei und die kleine Ateliergemeinschaft, die ich mit einer Freundin betrieb, weiter auszubauen.

Ein bisschen fühlte es sich wie eine Flucht an, es sollte sich aber herausstellen, dass das für uns alle eine Flucht nach vorne war. Mir ist heute klar, dass dieser dreijährige Auslandsaufenthalt für mich die seelische Rettung war, Jens viel Selbstvertrauen und Ruhe gegeben und uns als Familie sehr zusammengeschweißt hat. Gemeinsam können wir alles schaffen!

Jens hatte Glück und kam in eine Kindergartenklasse, die von zwei Frauen geleitet wurde, von der die eine ein Jahr in Göttingen studiert hatte und mit Jens so im Notfall Deutsch sprechen konnte. Seine Andersartigkeit fiel gar nicht weiter auf. Er lernte sehr schnell Englisch, so dass er nach seinem Kindergartenjahr bereits vom Englischunterricht in der Schule befreit wurde.

Insbesondere unser zweites Jahr in Kalifornien war so unbeschwert. Jens hatte eine tolle Lehrerin. Er war ein Teil der Klasse, auch wenn er immer ein wenig anders war. Damit war er nicht allein. Denn nicht nur die vielen kulturellen und religiösen Unterschiede wurden hier als Bereicherung gesehen, sondern auch die vielen verschiedenen Fähigkeiten der Kinder waren ein wertvoller Beitrag zum Team. Es war so schön, miterleben zu dürfen, wie sehr auch die kleinen Erfolge zelebriert wurden und so das Selbstwertgefühl der Kinder wuchs. Einmal im Jahr wurde jedes Kind der Schule auf der Bühne für seine Stärken geehrt. Jens wurde im ersten Jahr als »Excellent Reader«, im zweiten als »Great Thinker« und im letzten Jahr als »Teachers' Choice for Reading« geehrt.

Ich war stolz und freute mich zu sehen, wie gut es Jens ging. Er hatte inzwischen auch einen Freund und Begleiter gefunden, der in den ersten beiden Jahren in derselben Klasse war. Die Klassen dort wurden jedes Jahr neu gemischt, und es gab jedes Jahr eine neue Klassenlehrerin und einen anderen Klassenraum. Jens hat so gelernt, mit neuen Situationen, Räumlichkeiten und Menschen schon in frühem Alter umzugehen. Auch die vielen Reisen, die wir unternahmen, trugen sicher dazu bei, eine Flexibilität zu etablieren, von der er noch heute profitiert. Jens, aber auch wir haben so viel gelernt, vor allem Gelassenheit, gepaart mit der Gewissheit, dass viele Dinge von ganz allein passieren, wenn man sie nur zulässt und allem eine Chance gibt. Rückschläge geschehen, bringen uns aber an Erfahrung weiter. Es gibt keinen Anlass zum Verzweifeln, weil wir gesund sind und die Welt uns offensteht. Der gespannte und offene Blick in die Zukunft und der Trost in der Vergangenheit geben mir Kraft, viele Alltagssituationen besser zu meistern.

Im zweiten Schuljahr, unserem dritten Jahr in Amerika, organisierten wir für Jens eine private Deutschlehrerin, um ihn auch sprachlich auf die Rückkehr nach Deutschland vorzubereiten. Es dauerte keine zwei Unterrichtsstunden, und ihr fiel auf, dass Jens keinen Augenkontakt hielt, nur wenig kommunizierte und teilweise den Anweisungen nicht folgen konnte. Auf den Festen mit anderen Kindern wollte er auch gleich wieder gehen und versteckte sich in einer Ecke oder hing mir am Rockzipfel.

Nun, da war es also wieder, das sehr deutsche Verhalten, nach Defiziten zu suchen, was uns in den nächsten Jahren immer wieder begleiten sollte. Ich fühlte mich natürlich verantwortlich für das Verhalten von Jens. Haben wir irgendetwas in der Erziehung verpasst? Haben wir ihn am Ende nicht richtig erzogen? Auch die Klassenlehrerin berichtete nun, dass Jens sich manchmal merkwürdig verhielt. Sie fand, irgendetwas stimmte nicht ganz mit diesem Kind. Auf manchen Gebieten wusste er so viel, aber in anderen Bereichen kam er überhaupt nicht mit und versteckte z. B. seine Matheaufgaben im Mülleimer. Da wir aber nur noch wenige Monate in diesem Land waren, wollten wir uns um mögliche Untersuchungen in Deutschland kümmern.

So ging unser Aufenthalt in Kalifornien nun zu Ende. In Deutschland kam Jens in die dritte Klasse einer Grundschule. Das war ein Schock für ihn und für uns alle. Das Miteinander der Schüler kam uns chaotisch, laut und respektlos vor. Vor allem war es ein sehr körperliches Miteinander, was Jens so aus Amerika nicht kannte. Dort gab es kein Schubsen oder Ähnliches. Der Körper des anderen war absolut tabu, und körperliche Auseinandersetzungen wurden unterbunden. Auch wurde eher das positive Verhalten gelobt, Heftchen mit Aufklebern und ermutigenden Sprüchen wurden zur positiven Verstärkung benutzt. So bekamen Schüler, die Streit schlichteten, Müll aufsammelten oder andere tolle Dinge taten, jeweils einen neuen Punkt in ihrem Heftchen. War das Heft voll, gab es kleine Geschenke.

Jens ging trotz des für ihn chaotischen Alltags ohne Murren immer wieder zur Schule, jeden Tag. Solange ich ihn hinbrachte und abholte, war die Welt in Ordnung. Dabei durfte ich selbstverständlich keine Minute zu spät sein.

Wirkliche Wutausbrüche, wie sie mir viele andere Mütter von autistischen Kindern berichten, hat es bei Jens nie gegeben. Schon bald aber kamen die Lehrer auf uns zu und drängten uns, einen Termin bei einem Psychologen zu machen, denn sein Verhalten entspräche nicht dem eines Drittklässlers. Insbesondere seine mangelnde Fähigkeit, sich zu organisieren und im Unterricht dabeizubleiben, war sehr auffällig. Und da war die Unbeschwertheit, »the american way of life«, vorbei, und die Mühlen der deutschen Gleichmacherei fingen wieder an zu mahlen. Das war zumindest unser Eindruck. Unter den Klassenarbeiten waren in erster Linie Kommentare zu dem, was fehlerhaft war und verbessert werden sollte. Lob gab es nur noch sehr wenig. Jens vermisste seine alte Schule sehr und wollte am liebsten wieder zurück nach Amerika.

Die zwei Grundschuljahre in Deutschland sind aus Jens' Sicht bisher die schlimmsten. Aus meiner Sicht ist er sehr gut in der Klasse aufgenommen worden, und auch seine Klassenlehrerin hatte eine beruhigende, kompetente und fast mütterliche Ausstrahlung und begegnete Jens mit viel Verständnis. Im Vergleich zu den Kindern in seiner Klasse wurde Jens' Andersartigkeit aber immer deutlicher, und vieles ließ sich nicht mehr nur durch die Eingewöhnung in das deutsche Schulsystem und die Sprache erklären.

Ich war nun wieder intensiv damit beschäftigt, Jens' Verhalten der Außenwelt zu erklären und vor anderen zu rechtfertigen. Eine Position, die ich nie mochte und die ich als sehr anstrengend empfunden habe. Ich war und bin noch immer verunsichert, wie viel ich Jens zumuten kann und wie viel Eigenverantwortlichkeit ich ihm abverlangen soll. Ich habe oft Angst davor, ihn zu sehr zu schützen und ihn nicht genügend auf ein selbstbestimmtes und eigenständiges Leben vorzubereiten.

Als Jens in der vierten Klasse war, sahen wir uns veranlasst, einen Kinder- und Jugendpsychiater aufzusuchen, um eine offizielle Diagnose zu erhalten und so mögliche Hilfesysteme in Anspruch nehmen zu können.

Die Diagnose war schnell und eindeutig gestellt: Asperger-Syndrom!

Der Hinweis des Psychiaters lautete: »Sie sind die Experten Ihres Kindes. Sie werden das Richtige für Ihr Kind und mit Ihrem Kind machen.«

Eigentlich wussten wir es ja schon, aber diese Eindeutigkeit brachte eine große Erleichterung und endlich eine Erklärung für Jens' Verhalten. Wir gingen mit der Diagnose sehr offen um und machten uns zunächst selbst schlau, indem wir die Standardwerke der Literatur zu diesem Thema lasen. Jens haben wir etwas später von seinem Autismus erzählt. Seitdem bezeichnet er sich selbst als »Aspie« und spielt das inzwischen auch manchmal ganz geschickt aus, wenn er etwa keine Lust hat, den Geschirrspüler auszuräumen oder ähnliche Aufgaben zu erledigen. Dann sind das für Jens Dinge, die »wir Aspies nun mal nicht können«.

Wir informierten auch die Eltern der Mitschüler über Jens' Diagnose, damit sie adäquat auf eventuelle Fragen ihrer Kinder über sein Verhalten oder auf seine Sonderbehandlung reagieren konnten. Wir erhielten viel Mitgefühl, und einige Eltern sahen sich auch animiert, über ihre eigenen besonderen Kinder zu berichten. Das zeigte mir einmal mehr, dass es richtig war, die Umwelt offen und ehrlich aufzuklären und nicht zu versuchen, Jens' Diagnose zu vertuschen. Einige Mitschüler sprachen Jens auf seine Krankheit an und fragten ihn, was das denn für eine Krankheit sei. Jens antwortete darauf ganz cool, dass das keine Krankheit sei, sondern ein Syndrom. Damit war das Thema für die anderen erledigt. Ich bin immer wieder sehr stolz, mit wie viel Kreativität und Witz Jens die Hürden des Alltags meistert. Er kann sich sehr gut allein beschäftigen und so tief in seinen verschiedenen Foren weltweit abtauchen, dass man ihn tagelang nicht hören und sehen würde. Wir versuchen, eine Balance zu schaffen zwischen gemeinsamen Aktivitäten und allein gestalteter Zeit.

Die Diagnose fühlte sich für uns zunächst wie eine Befreiung an, wir hatten endlich ein Wort, eine Beschreibung, die wir nach außen benutzen konnten. Nun kamen oft Reaktionen ganz anderer Art: »Der ist doch ganz normal – was soll denn autistisch an ihm sein?« Insbesondere unsere Familien schienen die Diagnose fast zu ignorieren und fragten sehr wenig nach, sondern verhielten sich uns und Jens gegenüber wie gewohnt. Das war auf der einen Seite sehr hilfreich, auch mit Jens weiterhin ganz »normal« umzugehen, aber in einigen Situationen hätte ich mir mehr Verständnis und Interesse für unsere und meine Situation gewünscht.

Je älter Jens wurde, umso deutlicher wurde auch sein Autismus, seine Schwierigkeit, mit den Menschen zu kommunizieren. Insbesondere mit Gleichaltrigen wurde es immer komplizierter, weil die Interessen so unterschiedlich waren. Irgendwie schaffte es Jens mit seiner Beharrlichkeit immer wieder, einige seiner Mitschüler für seine Interessen zu gewinnen und sich Anerkennung und Bewunderung zu erarbeiten.

Es beruhigt mich immer wieder zu sehen, dass Jens so viele Fähigkeiten hat, die zwar nicht in der Schule abgefragt werden und damit nicht zeugnisrelevant sind, die mir aber deutlich machen, dass er seine Begabungen sicher irgendwann nutzen kann. Inwieweit er in Zukunft auf Hilfe angewiesen sein wird, ist noch gar nicht klar. Bisher hat Jens uns immer überrascht, und ich bin mir sicher, dass er zu noch viel mehr fähig sein wird, wenn er seine Begabungen und Interessen einsetzen kann.

Es sind die vielen kleinen Dinge, die mich so glücklich machen: das erste selbst geschmierte Brot, der erste Brötchenkauf beim Bäcker (das Restgeld blieb liegen und es gab auch nur eine Sorte Brötchen), die erste Irrfahrt mit dem Bus und deren glückliches Ende, die vielen Comicgeschichten (auch wenn sie im Unterricht gezeichnet wurden), der überraschende und intelligente Humor, der in allem steckt, die Abwesenheit von Langeweile und vieles mehr. Das alles versöhnt mich mit den anderen nicht so positiven Situationen, den offenbar nicht zu lernenden Abläufen bei vermeintlichen Selbstverständlichkeiten. Noch immer muss ich Jens an viele Alltäglichkeiten erinnern, beispielsweise das Zähneputzen.

Auf Anraten seiner Lehrerin wechselte Jens nach der Grundschule in eine private Realschule, wo die Klassenstärke maximal 24 Schüler umfasst. Wir haben uns die Schule angesehen und waren ganz begeistert, da Jens sich in dieser Schule selbständig bewegen kann, weil die Räumlichkeiten im Tagesverlauf kaum gewechselt werden und eine enge Zusammenarbeit von Schule und Eltern vorgesehen ist. Individuelle Zielvereinbarungen und Kontrollen sollen den Werdegang der Schüler dokumentieren und transparent machen für Schüler, Eltern und Schule.

Zur Unterstützung bekamen wir keine Schulbegleitung, aber stundenweise eine Koordinatorin bewilligt. Es war unser Glück, dabei auf eine sehr kompetente, liebenswerte und humorvolle Frau zu stoßen, die mit uns gemeinsam schulische Angelegenheiten klärte. So führte sie Aufklärungsgespräche mit Lehrern und handelte auf verschiedenen Teamsitzungen zusammen mit den Lehrern den Nachteilsausgleich für einzelne Fächer aus. Es gab immer einen Weg, mit Problemen umzugehen, und gemeinsam konnten wir ein Schulleben für Jens organisieren, das er bewältigen kann.

Endlich hatte ich eine professionelle Begleitung bei den Gesprächen mit den Lehrern. Nun war ich nicht mehr allein, und die Gespräche waren klarer und deutlicher. Einzelabsprachen wurden getroffen. Sie ist für mich die Kompassnadel im Schuldschungel.

Das Schulleben meistert Jens so weit gut, aber seine Leistungen hängen sehr stark davon ab, wie intensiv wir mit ihm den Stoff nacharbeiten und für Arbeiten gemeinsam lernen. In einigen Fächern überrascht er uns immer wieder.

An dieser Schule sind alle Kinder irgendwie anders, und jedes Kind hat sein Päckchen zu tragen, sodass Jens so akzeptiert wird, wie er ist, und ihm seine sehr guten Leistungen in Englisch, sein Humor und sein freundliches Wesen eine Menge Respekt einbringen. Und wir können uns sicher sein, dass Jens dort einen Abschluss machen wird – das ist das zunächst erklärte Nahziel.

Ich bin mir sicher, dass Jens seinen Weg gehen wird. Er stellt sich immer sehr tapfer den Herausforderungen und gibt nicht auf, was mich sehr stolz macht. Auch das vierwöchige Betriebspraktikum bei einer großen internationalen Firma hat er dank der befreundeten Mutter eines ebenfalls autistischen Kindes mit sehr viel Freude absolviert. Arbeiten empfindet er als deutlich angenehmer als Schule.

Wenn ich mir diesen Bericht noch einmal durchlese, muss ich sagen, dass ich nicht nur viel Glück gehabt, sondern mich auch ganz eindeutig in diese Rolle hineingefunden habe und die Begleitung meines Sohnes für mich im Vordergrund steht. Ich habe nicht das Gefühl, dass ich etwas versäumt habe oder auf etwas verzichten musste oder muss.

Wie unser Leben ausgesehen hätte, wenn noch ein Geschwisterkind da gewesen wäre, kann ich nur erahnen. Ich glaube, dass es ein großes Glück ist, dass ich so viel Zeit mit Jens verbringen kann. Wir können unser Familienleben gut einrichten, sodass niemand zu kurz kommen muss. Nach Wochenenden mit vielen Aktivitäten außer Haus folgen auch wieder die ruhigen »Jens-Wochenenden«, an denen der Computer oder die Xbox nicht ausgeschaltet wird. So haben wir es geschafft, die ganz unterschiedlichen Bedürfnisse unter einen Hut zu bringen.

Gerade habe ich einer Radiodiskussion im Deutschlandfunk gelauscht, bei der es um die Frage »Die Kinder ziehen aus, was bedeutet das für die Eltern?« ging. Obwohl das für uns noch in weiter Ferne zu sein scheint, ist das Thema Zukunft natürlich immer präsent. Was soll aus Jens werden, wie wird er ein selbstbestimmtes Leben führen können? Wird er betreut wohnen müssen, oder kann es gelingen, ihn auf ein selbständiges Leben vorzubereiten?

Wie viel schwerer es sein wird, ein Kind, das besonders ist, gehen zu lassen, wage ich nur zu erahnen. Der Loslösungsprozess findet zum Glück schleichend statt, und das Tempo gibt Jens vor, man muss nur die richtigen Momente abpassen und Vertrauen haben, dass das schon klappt. Versagen gibt es nicht, denn jeder Schritt ist ein Schritt nach vorne, auch wenn etwas nicht geklappt hat.

Die autistischen Verhaltensweisen, die autistische Persönlichkeit, bildet sich immer noch stärker aus, je älter Jens wird. Was als Kleinkind und Grundschüler noch akzeptabel und ein wenig »Little Professor« war, stößt immer mehr auf Unverständnis und Ignoranz, was mich sehr verletzt und oft auch sehr wütend macht. Meine Wut kann ich zügeln und meine Traurigkeit überwinden. Es gibt aber manchmal Zeiten, in denen zu viele Dinge gleichzeitig passieren und die Kräfte schwinden.

Kraft schöpfe ich aus den vielen Dingen, die Jens gut gemeistert hat oder gut kann. Auch die Treffen mit anderen Müttern autistischer Kinder sind mir eine große Hilfe, den richtigen Weg weiter zu gehen und mich vertrauensvoll auszutauschen. Auf Reisen, Spaziergängen, Radtouren, durch Yoga und selbstverständlich durch Gespräche mit meinem Mann lade ich meine Batterien wieder auf. Ich bin so froh, diese Aufgabe nicht allein durchstehen zu müssen, auch wenn größtenteils ich für Jens da bin und den Alltag für ihn und mit ihm gestalte.

Oft muss ich an den Kommentar unseres Kinder- und Jugendpsychiaters denken, nachdem er die Diagnose verkündet hatte: »Sie sind die Experten!« Das stimmt so sehr, denn niemand kennt unseren Sohn so gut wie wir. Wir sind diejenigen, die sich intensiv mit ihm auseinandersetzen und ihm Hilfestellung geben müssen, sein Leben in dieser nicht autistischen Welt zu gestalten. Wir geben nie auf, und genauso ist auch unser Sohn, auch wenn viele Dinge zunächst unüberwindbar scheinen.

Meinem Sohn wünsche ich, dass er einen Menschen im Leben findet, der ihm das Vertrauen, das Verständnis, die Liebe, die Sicherheit und die Geborgenheit entgegenbringt, die wir ihm geben können.

Barrierefreiheit für Autisten wird es wohl nie geben, aber eine Autismus-freundlichere Gesellschaft sollte in unser aller Interesse sein, denn diese Menschen zeichnen sich besonders durch ihre Ehrlichkeit, Offenheit, Loyalität, Kreativität und den großen Humor aus. Nicht der Autismus ist das Problem, sondern eine Autismus-feindliche Umwelt.

… Der Schlüssel dreht sich im Schloss, mein Mann und mein Sohn sind wieder da – und ich bin mir etwas nähergekommen und froh und glücklich, mich zu diesem Lebensbericht entschlossen zu haben.

Wunschkind

Annette Hocher

Ich wollte nie ein Kind »haben«. Das Bedürfnis, einen Menschen »zu machen«, weil jemand ihn »haben« will, damit dieser kleine Mensch bestimmte Funktionen für ihn erfüllt, habe ich bereits in meiner Kindheit hinterfragt, als meine Eltern darüber sprachen, ein weiteres Kind zu bekommen, um ihre Ehe zu retten oder, falls mir »etwas passiert«, nicht ganz ohne Kind dazustehen. Diese Sichtweise machte mir – der damals Sechsjährigen – Angst, auch wenn ich sie eher fühlte, als dass ich verstand, was sie bedeutete. Als junge Frau wollte ich also keine Kinder »haben«. Ich wollte vielmehr mit einem Kind leben, ihm eine Mutter sein, wollte vermitteln, was ich für vermittlungswürdig hielt, Werte weitergeben, mich selbst weitergeben, Sinn geben – mir und meinem Dasein.

Mit fast 30 Jahren heiratete ich Oliver, den Mann, den ich mit achtzehn kennen und lieben gelernt hatte und der meine Vorstellungen und Werte von Beziehung, Familie und Kindern teilte. Als ich schwanger wurde, wünschte ich mir, dass das Kind in meinem Bauch intelligent wäre. Ein Kind, mit dem ich über alles reden könnte, interessiert an der Welt und an den Menschen, ein Kind mit Umweltbewusstsein und Verständnis für Zusammenhänge, mit Sinn für Schönheit und dem Blick fürs Detail. Ich wünschte mir, es würde niemals rauchen, nie zu viel Alkohol trinken, keine Drogen nehmen. Ein Kind, um das ich mich abends nie sorgen müsste, wenn es unterwegs wäre. Ein Kind, das immer die Wahrheit sagen, nicht lügen, nicht betrügen würde. Ich wünschte mir eine gewachsene, gesunde innere Bindung zu einem Kind, das ich auf seinem Weg ins Leben begleiten dürfte. Max kam im Herbst zur Welt und erfüllte im Laufe der folgenden Jahre alle diese Wünsche. Anfangs merkte ich noch nichts davon. Bei seiner Ankunft war ich so glücklich, dass ich erst einmal meine Wünsche vergaß. Ich fühlte nur noch Dankbarkeit und Freude darüber, dass er gesund war.

Am zweiten Tag nach der Geburt brachte Oliver uns nach Hause. Auf der gesamten Autofahrt weinte Max, und ich weinte mit. Das Schuldgefühl und die Traurigkeit, die bereits wenige Stunden nach der Geburt eingesetzt hatten, ließen nicht nach. Im Gegenteil, sie wurden stärker, gingen tiefer. Ich verstand nicht, was mit mir los war, und versuchte, nach außen hin die glückliche junge Mutter zu sein, die ich glaubte sein zu müssen. Meine Tränen erklärte ich mir mit Rührung und mit der Erschöpfung nach der 32-stündigen Geburt. Aber in mir drin wurde es schlimmer. Vor allem, als sich Max nach den ersten Tagen scheinbar immer noch nicht an das Leben auf dieser Welt gewöhnen konnte. Wenn er wach war und keinen Körperkontakt zu mir hatte, weinte er. Wenn mich niemand beobachtete, weinte ich mit. Ich hatte das Gefühl, alles zu spüren, was er spürte, und fühlte mich schuldig, weil ich ihn durch die Geburt dem Leid dieser Welt ausgesetzt hatte. Vor allem die Verlassensangst, die ich am eigenen Leib spürte, wenn ich Max für kurze Zeit allein im Zimmer ließ, trieb mich an den Rand der Verzweiflung. Aber ich sprach mit niemandem über das, was in mir vorging. Vor 20 Jahren wusste ich nicht, dass es so etwas wie postnatale oder Wochenbettdepression gibt. Doch ich wusste, was mein Umfeld – mein Mann, meine Familie, unsere Freunde – von mir erwartete, nämlich, dass ich überglücklich war und ganz normal funktionierte. Schließlich war ich nicht die erste Frau, die ein Kind bekam. Ich versuchte, diese Erwartungen zu erfüllen, und behielt meine Zweifel und Ängste für mich.

Ich riss mich zusammen. Ich sagte mir, dass es sicher besser werden würde, wenn Max in ein paar Wochen durchschliefe und ich endlich mein Schlafdefizit, das ich seit der Geburt hatte, wieder ausgleichen könnte. Und ich konnte es kaum erwarten, dass meine Mutter, die in der ersten Woche zu uns gekommen war, um uns zu unterstützen, wieder nach Hause fuhr und dass Oliver wieder arbeiten ging. Die beiden machten mich mit ihrer Erwartungshaltung nervös und verstärkten meine Unsicherheit. Meine Mutter, von der ich mir eine selbständige, selbstverständliche Hilfe erwartet hatte, von der ich hoffte, sie würde mich ruhig, sicher und erfahren durch die ersten stürmischen Tage begleiten, fand nicht in ihre Rolle als Oma hinein. Vielmehr verharrte sie in einer »Das-hast-du-jetzt-davon«-Haltung, wartete, dass ich sie um Hilfe bat, und schien ständig beleidigt zu sein, wenn ich es nicht tat. Sie gab mir das Gefühl, das ich aus meinen Kindertagen kannte, das Gefühl, etwas falsch zu machen, ohne dass sie mir sagte, was, dass sie enttäuscht von mir war, ohne mir zu sagen, warum, und dass sie von mir erwartete, dass ich meine Fehler erkannte, ohne mir auch nur den kleinsten Hinweis zu geben, wo ich suchen sollte.

Meinem Mann schienen mein gelegentliches Heulen, meine Unsicherheit und mein Hinterfragen auf die Nerven zu gehen. Er flüchtete an seinen Computer. Als ich an Max' fünftem Lebenstag zum ersten Mal allein für eine Stunde rausging, um in der kühlen Herbstluft durchzuatmen, einfach mal für mich zu sein, fand ich ihn nach meiner Rückkehr völlig hilflos mit dem weinenden Baby auf dem Arm durch die Wohnung laufen. Oliver konnte Max nicht beruhigen. In diesem Moment wusste ich, dass unsere Pläne, uns die Kinderbetreuung zu teilen und gemeinsam unser Studium zu beenden, scheitern würden.

Ich merkte als Einzige, dass Max anders war. Er weinte viel. Er schlief schwer ein und wachte schwer auf. Jedes kleine Geräusch schien er zu hören, jede Veränderung beunruhigte ihn, brachte ihn zum Weinen. Ich bemühte mich vergeblich, einen Rhythmus in Max' Leben hineinzubringen. Die Hebamme tröstete mich und versicherte mir, das Baby wisse selber, wann es Hunger habe und wann es schlafen wolle, ich müsse nur darauf vertrauen, dann würde sich ein natürlicher Rhythmus ganz von allein einstellen. Es stellte sich aber kein Rhythmus ein. Ich las Bücher über Babys und über Schlaf. Immer wieder glaubte ich, einer Lösung auf der Spur zu sein, aber nichts half. Meine Umgebung – mein Mann, meine Mutter, Freunde – gaben mir erst zurückhaltend, dann immer deutlicher zu verstehen, dass es an mir liege, dass Max unruhig sei, dass er noch nicht seinen Rhythmus gefunden habe, dass er nachts nicht schlafe, weil ich nicht konsequent genug in seiner Erziehung sei. Doch sosehr ich mich auch hinterfragte, ich fand nicht den Punkt, an dem ich etwas hätte verändern können.

Irgendetwas lief bei Max anders, was niemand außer mir sah und von dem auch ich nicht wusste, was es war. Jede Trennung von mir machte ihn unruhig. Sein Weinen war anders als das Weinen anderer Babys. Ich meinte, Verzweiflung und Angst darin zu hören. Wenn Max weinte, schien er mir zu sagen: »Lass mich nicht allein.« Und obwohl ich, wenn er wach war, viel mit ihm redete – auch wenn ich kurz aus dem Raum ging –, schien er dadurch kein Vertrauen aufzubauen.

Während einer schweren Erkältung meines Mannes und meines Sohnes ging es mir zunächst besser. Aber umso heftiger setzte die Erschöpfung wieder ein, als die beiden gesund wurden. Ich fühlte mich, als hätte ich einen enorm schweren Schlitten einen steilen Berg hinaufgezogen, und oben angekommen, sei er auf der anderen Seite des Berges ohne mich ins Tal gefahren. Meine Kraft nahm er mit. Ich fühlte mich allein. Allein gelassen und meiner letzten Kräfte beraubt. Was hatte ich nur getan? Ich hatte ein Kind in die Welt gesetzt und war jetzt nicht in der Lage, für dieses Kind angemessen zu sorgen. Ich hatte meinen Mann, meine Familie, meine Freunde enttäuscht, ich war schwach und unfähig. Mein Bedürfnis zu schlafen wich immer wieder für kurze Augenblicke der verführerischen Vorstellung, mich einfach fallen zu lassen. Irgendwo einfach umfallen. Dann müsste mir jemand helfen. Doch was würde dann aus Max werden? Ich hielt also durch und fiel nicht um.

Zum Glück hielt diese Phase des Selbstmitleids und des Liebäugelns mit der Schwäche nicht an. Wie aus dem Nichts erwuchs daraus eine Entschlossenheit, ja fast so etwas wie Trotz, und die Entscheidung, etwas an meinem Leben zu ändern. Ich weiß es noch genau: Ich stand im Flur vor dem Spiegel, es war früher Nachmittag, ich hatte noch nicht geduscht, noch nicht die Zähne geputzt, hatte die Hose eines Umstandspyjamas und ein T-Shirt in Übergröße an, darüber eine alte, ausgeleierte Strickjacke. Mein Gesicht war verquollen, und meine Haare klebten mir strähnig am Kopf. Als ich da so vor dem Spiegel stand, schoss mir durch den Kopf: Kein Wunder, dass dein Kind heult, so, wie du aussiehst. Ich musste lachen, und ich weinte.

Als hätte meine Freundin Hannah, die ich aus Kindertagen kannte und die 800 Kilometer weit entfernt lebte, meine Situation erraten, erhielt ich genau in dem Moment, als ich an meinem Tiefpunkt angelangt war, einen langen Brief von ihr. Sie hatte selber zwei kleine Mädchen, das jüngere gerade mal ein Jahr älter als Max, und sie schrieb über genau dieselben Sorgen, die mich gerade quälten, über die Arbeit, die auch ihr über den Kopf gewachsen war, über die Erwartungen im Umfeld, über schlaflose Nächte, über Zweifel und Ängste, über Müdigkeit. Und sie schrieb darüber, wie sie gelernt hatte, damit umzugehen, wie sie Gelassenheit erlangt hatte und sich inzwischen an ihrer Rolle als Mutter freute. Sie hatte sich die Frage gestellt, was im Leben wirklich wichtig ist. Ist es wirklich wichtig, eine perfekt aufgeräumte Wohnung zu haben? Ordentlich gefaltete Babywäsche? Ist es wichtig, was andere denken? Muss es wirklich selbst gebackener Kuchen sein, wenn Besuch kommt, oder reicht nicht auch ein gekaufter? Müssen wir ein schlechtes Gewissen haben, wenn wir uns mehr den Bedürfnissen unserer Kinder widmen als denen unserer erwachsenen Mitmenschen? Hannah sprach die Dinge aus, die ich kaum zu denken wagte. Sie gab mir keine Ratschläge, sondern ermutigte mich, ganz tief in mich hineinzuhorchen, dahin, wo sich die tiefe Gewissheit befand, was richtig und was falsch ist, was wichtig und was unwichtig ist. Ich las Hannahs Brief immer wieder, anfangs fast täglich, und jedes Mal hatte ich das Gefühl, ich könnte danach ein bisschen freier atmen.

Ich änderte also einige Dinge in unserem Leben. Als Erstes kaufte ich ein Tragetuch und band mir Max tagsüber an den Körper. Es wirkte Wunder! Ich schaffte einen großen Teil meiner Hausarbeit. Sogar Staubsaugen ertrug er brabbelnd und manchmal schlafend auf meiner Brust oder auf dem Rücken. Ich redete viel mit ihm, erzählte ihm, was ich gerade tat oder was ich dachte. Wenn mir nicht nach Reden zumute war, legte ich Bette Midler auf: »The Wind Beneath My Wings«, ein Lied, bei dem Max sich sofort beruhigte – und ließ es in Endlosschleife laufen. Als Nächstes nahm ich alle anfallenden Haushaltsarbeiten unter die Lupe und suchte nach Optimierungsmöglichkeiten. Meine zentrale Frage war: Musste das unbedingt sein? Welchen Nutzen brachten die verschiedenen Tätigkeiten und die einzelnen Handgriffe? Ich stellte mehrere Kisten neben die Wickelkommode, in die ich die unterschiedlichen Babykleider hineinwarf – ungefaltet: eine Kiste für Hemdchen, eine für Bodys, eine für Strampler, Jäckchen usw. Ich baute das Ehebett und das Kinderbett auseinander, legte stattdessen zwei 1,40 Meter breite Matratzen nebeneinander auf den Boden und baute uns dreien ein großes gemeinsames Bett. So musste ich nachts nicht mehr aufstehen, sondern ließ Max – der links von mir lag – direkt an seiner Lieblingsbrust andocken. Mit den Fragen »Was brauche ich, um meine Arbeit zu erleichtern? Wie kann ich eigene Energie sparen?« ging ich von Raum zu Raum und räumte die Wohnung so um, dass alles, was ich oft brauchte, in Reichweite stand. Ich lernte, nur noch die Muskeln anzuspannen, die ich wirklich brauchte. Meine Schultern entspannten sich, meine Haltung wurde besser. Die Wohnung war immer noch nicht wirklich aufgeräumt, doch die Unordnung hatte nun ein System, das mir die Arbeit etwas erleichterte – mein System. Und nachts stillte ich, ohne dafür aufzustehen.

Als Nächstes fing ich an, über Max' Schlafzeiten genau Buch zu führen. Ich stellte fest, dass bei aller Unregelmäßigkeit seine Schlafzeiten jeweils ein Vielfaches von 45 Minuten dauerten. Das heißt, sein kürzester Schlaf dauerte mindestens 45 Minuten. Überschritt er diese Zeit, schlief er mindestens anderthalb Stunden oder zweieinviertel, selten sogar drei Stunden. Mit diesem Wissen konnte ich meine Zeit ganz anders einteilen oder auch mal tagsüber mitschlafen. Mein Schlaf beziehungsweise mein Mangel an Schlaf rückte langsam aus dem Fokus meiner Gedanken. Ich wurde aufnahmefähiger, auch für die Bedürfnisse und das Befinden meines Mannes. Und ich merkte, dass er immer unzufriedener wurde. Seit Kurzem hatte er eine neue Arbeitsstelle bei einer großen bekannten Firma, die ihm zwar Spaß machte, die aber auch viel von ihm forderte. Er hätte sich gewünscht, dass ich ihm den Rücken freihielt, dass er nachts Ruhe zum Schlafen hätte und ich mich insgesamt mehr um ihn und seine Bedürfnisse kümmerte. Stattdessen schaffte ich neben Max gerade mal den Haushalt. Wenn Oliver abends von der Arbeit kam und wir gemeinsam aßen, erzählte ich von unserem Tag, von Max und seinen Fortschritten. Ich liebte diese Mahlzeiten, denn sie waren meistens die erste und einzige Gelegenheit am

Tag, mit einem Erwachsenen zu sprechen. Doch Oliver belastete nach einem anstrengenden Arbeitstag mein Bedürfnis nach »Silben«, wie wir es nannten. Ich stellte meine Gespräche ein.

Ich überlegte, wie ich mir im Alltag ein Gefühl von Freiheit verschaffen konnte. Ich fing wieder an zu lesen. Da das Stillen bei Max bis zu einer dreiviertel Stunde dauern konnte, las ich dabei. Ich las viele Bücher, manchmal zwei pro Woche. Die kleine Bücherei in der nahe gelegenen Kleinstadt, wo ich mit Max im Kinderwagen mit dem Zug hinfuhr, wurde zu meinem Stammlokal. Die Geschichten in den Büchern entführten mich in ferne Welten, die Romanhelden wurden zu temporären Freunden, und wenn ich ein Buch ausgelesen hatte, trauerte ich um sie, bis ich das nächste anfing. Manchmal ging ich nachts, wenn ich Max gestillt und ihn im Schlaf behutsam von meiner Brust gelöst hatte, ins Wohnzimmer, machte das Fenster weit auf und nahm die Nacht in mich auf. Ich hörte das leise, beruhigende Plätschern des Baches, das Zirpen der Grillen und hin und wieder das Rascheln der Bäume im Wind. Dann sog ich die Nachtluft tief in mich hinein und stellte mir vor, sie wäre voller Gesundheit und Kraft allein für mich.

Es wurde nun immer deutlicher, dass Max viel mehr fremdelte als die Gleichaltrigen, dass ihm die kindliche Offenheit fehlte, mit der andere Kleinkinder aufeinanderzu gingen, und dass er mehr Schutz brauchte. Ich besuchte mit ihm Spielgruppen, Kinderturnen und einen Waldkindergarten. Überall konnte ich beobachten, dass Max derjenige war, der die längste Eingewöhnungszeit brauchte und von sich aus keinen Kontakt zu anderen Kindern suchte, sondern sich, wenn ich nicht dabei war, an die Erwachsenen hielt. Im Anschluss brauchte er viel Ruhe und meine ungeteilte Aufmerksamkeit, um sich davon zu erholen. Nach außen hin hatte ich bald den Stempel, eine überbehütende Mutter zu sein, eine Glucke, die ihr Kind ängstlich festhielt und es in seiner Entwicklung behinderte.

Oliver fand, ich sei inkonsequent. Mein Verstand sagte mir, er hatte recht, aber meine Intuition sagte etwas anderes. Wenn ich mit Max beim Kinderturnen oder in der Spielgruppe war, hatte ich das Gefühl, selbst anders zu sehen und anders zu hören als sonst. Ich hörte jedes Geräusch, nahm jede Bewegung wahr, die unartikulierten Laute der Kinder, ihr Durcheinanderplappern, Einwortsätze, das ununterbrochene gleichzeitige Gequatsche der Mütter, die sich gegenseitig nicht wirklich zuhörten, die sich scheinbar nur zu übertönen versuchten. Die Bewegungen im Raum waren unvorhersehbar, Kinder rannten herum, andere krabbelten auf dem Boden, dazwischen gestikulierende Mütter, herumrollendes Spielzeug. Ich sah mit Max' Augen und hörte mit seinen Ohren – es war unerträglich. Das konnte Max nicht guttun.

Meine Intuition und auch meine Erfahrung sagten mir, dass Max die Welt anders sah, dass er sie anders wahrnahm, lauter, bedrohlicher, und dass ich ihm helfen musste, damit zurechtzukommen. Max brauchte Ruhe und brauchte Zeit. Wenn es ihm gut ging, war es faszinierend zu beobachten, wie er auf dem Boden lag, ein Spielzeugauto hin- und herbewegte und die Bewegung der Räder studierte, oder wie er jeden neuen Boden, den er betrat – Teppich, Holzboden, Straßenpflaster, Gras, Erde –, mit seinen Händen befühlte. Er beobachtete konzentriert die Kühe auf der Weide und geriet außer sich vor Freude, wenn er auf dem Bauernhof, wo wir gerne einkauften, den Kälbchen beim Trinken zusah. Die Freude, die Max bei der Berührung mit der Natur und mit Tieren zeigte, erlebte er nie mit anderen Menschen.

Diese Seite von Max gab mir Kraft. Ich lernte – was ich früher gut konnte, jedoch im Laufe der Zeit verlernt hatte –, die Natur wahrzunehmen, kleine Dinge zu sehen, hinzusehen, hinzuhören, zu fühlen, innezuhalten, auszuhalten. Ich lernte mich neu kennen. Manche Menschen sagen, Kinder verändern einen. Ich glaube, Kinder zwingen uns zu sein, wer wir wirklich sind. Sie reißen unsere Masken herunter, sie helfen unserem wahren Wesen an die Oberfläche, sie entlarven unsere Lügen, ziehen jede Anstrengung, uns in einem bestimmten Licht zu präsentieren, ins Lächerliche. Leider fehlte es mir an Reife, zu dieser Erkenntnis zu stehen und mich gegen Standards und Meinungen zu behaupten.

Als Max dreieinhalb Jahre alt war, zogen wir weg aus dem Haus im Tal am Waldrand, weg von den Feldern mit den Kühen, weg von dem

Bauernhof mit den Kälbchen, weg von den Freunden. Aus Gründen, die in der beruflichen Veränderung von Oliver lagen, zogen wir mehrere hundert Kilometer weit weg in eine Kleinstadt in einem anderen Bundesland. Hier war alles anders, alles war unbekannt, und es dauerte lange, bis es für Max und mich ein Zuhause wurde.

Wenige Wochen nach unserem Einzug bekamen wir für Max einen Kindergartenplatz. Der Einstieg war schlimmer als befürchtet. Er weinte jeden Morgen bittere Tränen, klammerte sich fest an mich und flehte mich an, ihn wieder mit nach Hause zu nehmen. Für die Erzieherinnen war das nichts Ungewöhnliches, sie kannten diese Startschwierigkeiten und wussten, dass sie nie lange dauerten. Bei Max dauerten sie über ein Jahr. Als er es nach mehreren Wochen schaffte, trotz allem im Kindergarten zu bleiben, beruhigte er sich recht schnell, nachdem ich ihn abgegeben hatte. Die Erzieherinnen werteten dies als Erfolg. Max jedoch brauchte den ganzen Nachmittag, um sich von dem Vormittag zu erholen. Es schien, als würde er seine gesamte Energie dafür verbrauchen, im Kindergarten das von ihm verlangte Verhalten an den Tag zu legen, sodass ihm für den Nachmittag nichts mehr übrig blieb. Wenn ich ihn fragte, wie es im Kindergarten gewesen sei, sagte er meistens, es war laut.

Meine innere Zerrissenheit, mein Konflikt zwischen dem inneren Wissen, dass es Max nicht gut ging, und der Welt da draußen, die mir die Schuld für sein Verhalten gab, wuchsen. Die sichtbaren Tatsachen bestätigten zusätzlich meine Unfähigkeit. Bei Oliver, im Kindergarten oder auf Kindergeburtstagen, überall, wo ich nicht dabei war, zeigte Max »normales« Verhalten. Vor allem andere Erwachsene beeindruckte er damit, dass er bereits mit vier Jahren lesen konnte und sich für sein Alter sehr gewählt ausdrückte. Wenn er wieder bei mir war, schien es, als würde er innerlich zusammenbrechen, dann brauchte er Ruhe und Nähe. Seine Fähigkeit, zu lesen und zu schreiben erklärten sich vor allem die Erzieherinnen mit einem unendlichen Ehrgeiz meinerseits und führten mit mir deswegen ernste Gespräche, in denen es darum ging, dass ich meinem Kind erlauben sollte, Kind zu sein, und aufhören sollte, ihn zu drillen. Sein »normales« Verhalten in meiner Abwesenheit unterstützte diese Sichtweise. Oliver wusste zwar, dass sich Max das Lesen und Schreiben selbst beigebracht hatte, doch das scheinbar lockere Verhalten, wenn er und Max ohne mich waren, führte er auf seine besseren Erziehungsmethoden und meine Unfähigkeit zurück. Und auch ich zweifelte trotz besseren Wissens wieder mehr an mir und meinen Fähigkeiten.

Oliver und ich hatten immer öfter Streit. Meine Kraftreserven, meine Lebensfreude und meine Zuversicht, die ich mir in dem Jahr vor dem Umzug erarbeitet hatte, waren wenige Monate danach so gut wie aufgebraucht. Es wurde immer deutlicher, dass Oliver von mir enttäuscht war, dass er sich das Leben mit seiner kleinen Familie anders vorgestellt hatte. Er fühlte sich allein gelassen und unverstanden. Als die Stimmung unerträglich wurde, zog ich aus dem Schlafzimmer aus.

Im Frühjahr meldete ich mich zu einem Yogakurs an. Dies war eine der besten Entscheidungen, die ich treffen konnte, denn sie setzte eine Entwicklung in Gang, von der ich noch heute profitiere. Ich lernte, mich zu entspannen, meinen Körper wahrzunehmen und Kräfte zu mobilisieren. Über Yoga kam ich zur Zen-Meditation, und bereits nach dem ersten Nachmittag in Stille ahnte ich, dass die ganze Energie, die ich brauchte, in mir drin war, ich brauchte nur zu lernen, wie ich sie mobilisieren und nutzen konnte. Allmählich fing ich wieder an zu leben.

Ich suchte nun nach Arbeit. In der Bücherei lernte ich eine Frau kennen, die mir den Kontakt zur Volkshochschule des Landkreises verschaffte. Ich bekam meinen ersten Alphabetisierungskurs und wenige Wochen später eine Honorartätigkeit für drei Vormittage in der Woche als Physiklehrerin in einem Realschulkurs. Die Arbeitszeiten lagen sehr günstig in der Kindergartenzeit. Ich hatte wieder eine Aufgabe. Oliver wurde umgänglicher, und Max ging es besser. Ich brachte ihn schon länger wieder selbst in den Kindergarten, und obwohl die Trennung immer noch schwer war, schien er sich langsam daran zu gewöhnen.

Ich liebte meine Arbeit als Physiklehrerin über alles. Und die Schüler schienen mich zu mögen. Es handelte sich durchweg um schwierige Jugendliche, die den Schulabschluss nicht im ersten Anlauf geschafft hatten und bereits zweifelhafte Karrieren in der Drogenszene oder im Jugendgefängnis hinter sich hatten. Irgendwie gewann ich ihr Vertrauen und ihren Respekt. Als die Abschlussprüfung besser als erwartet ausfiel, riefen mich zwei Kolleginnen in ihr Büro zu einem Gespräch. Ich fühlte mich etwas bedroht, als sie sich links und rechts von mir hinsetzten und ernste Mienen aufsetzten. Sie wollten wissen, wann ich endlich vorhätte, aus meinem Leben etwas zu machen. Mein Talent, mit Menschen zu arbeiten, sei mir doch sicher bekannt. Wie lange wollte ich mich noch unter Wert verkaufen und als Honorarkraft vor mich hindümpeln? Es war ein in Schelte verpacktes Kompliment, es machte mich glücklich und führte dazu, dass ich mich für ein Studium der Psychologie entschied, bei dem die Möglichkeit bestand, Selbststudium und Präsenzzeiten zu kombinieren. Oliver hatte nichts dagegen. Später sollte ich allerdings feststellen, dass er die Idee für eine Eintagsfliege hielt und sich meines Scheiterns sicher war. Er hatte nicht damit gerechnet, dass ich das durchziehen würde.

Kurz nachdem ich mich an der Universität eingeschrieben hatte, erkrankte meine Mutter zum dritten Mal an Krebs. Den ersten Ausbruch der Krankheit zwölf Jahre zuvor hatte sie gegen jede Erwartung überlebt. Statt wie erwartet innerhalb weniger Monate zu sterben, wurde sie wieder ganz gesund. Den zweiten Ausbruch verharmloste sie und hoffte trotz Metastasen auf ein zweites Wunder. Die ganze Wahrheit erzählte sie mir nicht, da sie mich kurz nach Max' Geburt nicht beunruhigen wollte. Der dritte Ausbruch der Krankheit kam für mich daher unerwartet. Ihr Wunsch, dass ich sie bitte bald besuchen solle, war ungewöhnlich.

Ich stieg mit Max in den ICE, und wir fuhren 700 km nach Süddeutschland, um meine Mutter zu besuchten. Sie lag in München im Krankenhaus, und ich erkannte sie kaum wieder, wie sie so dalag, kalkweiß das eingefallene Gesicht, kaum Körper unter der gelb gestreiften Krankenhausdecke. Ich erinnere mich, dass mein erster Gedanke, als ich sie sah, war: Sie stirbt. Es ist vorbei. Wir blieben eine Woche in Süddeutschland. Jeden Tag fuhren wir mit dem Zug nach München und besuchten meine Mutter, Max' Oma. Wir wohnten in ihrer Wohnung, die sie mit ihrem Lebensgefährten teilte, der mich nicht leiden konnte, was auf Gegenseitigkeit beruhte, und der darauf wartete, dass Mutter wieder nach Hause kam und sich um ihn kümmerte. Es war keine schöne Zeit. Meine Mutter spürte, dass sie sterben würde, und wir verständigten uns fast ohne Worte darüber, dass ich sie dabei begleiten sollte. In den kommenden Wochen fuhr ich immer wieder für mehrere Tage nach München, mal mit, mal ohne Max, je nachdem, ob Oliver sich für ihn freinehmen konnte oder nicht. Ich redete offen mit Max über den bevorstehenden Tod seiner Großmutter. Er stellte viele Fragen und zeigte eine beeindruckende Sensibilität – mir fällt kein anderes Wort als Weisheit dafür ein. Seine Fragen zwangen mich zum Nachdenken und halfen mir, diese Zeit nahezu unbeschadet zu überstehen.

Meine Mutter starb in den frühen Morgenstunden eines Märztages. Ich blieb eine Stunde lang bei ihr und hielt ihre Hand, bis sie kalt und steif war. Ich weinte nicht, ich dachte nicht. Ich war voll Liebe und voll Leben. Nach einer Stunde ließ ich meine tote Mutter los und fuhr zu meinem Sohn. Der Tod meiner Mutter gab mir auf schmerzhafte Weise Kraft. Zeit meines Lebens hatte mich die vage Angst verfolgt, sie zu verlieren. Jetzt, da ich sie verloren hatte, verschwand auch die Angst. Ich empfand eine seltsame Versöhnung mit meiner Mutter, mit mir, mit dem Leben.

Die Zeit, die nun folgte, war schwer, wenn auch die logische Konsequenz aus den Ereignissen der letzten Jahre. Ich trauerte um meine Mutter, um meine Jugend, um verpasste Gelegenheiten, um verlorene Zeit.

Max war nun in der Grundschule, und die Schwierigkeiten aus dem Kindergarten, die Trennung von mir morgens, sein Unvermögen, offen und ungezwungen auf andere Kinder zuzugehen, besserten sich nicht. Wenn im letzten Kindergartenjahr endlich eine gewisse Entspannung eingetreten war und ich glaubte, er hätte es endlich geschafft, so gingen die Schwierigkeiten in der Schule von vorne los, als hätte es die gute Zeit gar nicht gegeben. Wie alle Veränderungen in seinem Leben brachte ihn auch die Einschulung wieder völlig durcheinander und ließ ihn verzweifeln. Was war los mit Max? Ich hinterfragte jeden Tag alles, was ich tat. War irgendetwas an mir, das Max daran hinderte, sich frei und unbeschwert zu bewegen? Bildete ich mir nur ein, dass er viel Ruhe brauchte? Spürte er meine innere Unsicherheit? Machte ihm das vielleicht Angst? War das, was ich als meine Intuition wähnte, einfach nur Selbstbetrug? Dachte ich zu viel nach? Und verirrte ich mich vielleicht in meinen Gedanken, die ich mit niemandem teilen konnte? War ich überhaupt gut genug für Max?

Mein Studium wurde zu einem Anker, zu einer Quelle der Kraft. Ich lernte wie besessen, schrieb Hausarbeiten und Klausuren. Wenn es irgendwie ging, besuchte ich am Wochenende Präsenzseminare. Die Anforderungen waren hoch und es hieß, dass nur drei Prozent derer, die diesen Studiengang belegten, den Abschluss schafften. Ich beschloss, ihn zu schaffen.

In dem Sommer nach Mutters Tod verlor ich endgültig die Verbindung zu Oliver. Ich merkte es erst, als er verkündete, dass er Urlaub in Kroatien machen wolle. Mit Max. Ohne mich. Ich hatte das Gefühl, den Boden unter den Füßen zu verlieren, hatte wieder dieses Bedürfnis, alle inneren und äußeren Kämpfe aufzugeben und mich fallen zu lassen. Aber ich gab nicht auf und fiel nicht um. Ich schob die Verletzung beiseite – darum würde ich mich später kümmern – und betrachtete die Situation sachlich. Was brauchte ein kleiner Junge, der mit seinem Vater zum Zelten nach Kroatien fuhr? Kleider, Badesachen, Schlafsack, Sonnencreme und die Zuversicht seiner Mutter, dass das eine richtig gute Idee war, mit Papa einen Männerausflug zu machen.

Unsere Ehe ging dem Ende zu. Ich hatte durch mehrere Ereignisse erfahren, dass ich eine gewisse innere Kraft besaß, und fasste Mut, mir ein Leben ohne Oliver vorzustellen. Wir mussten beide zugeben, dass wir unterschiedliche Vorstellungen vom Leben hatten, dass unsere Ziele schon lange nicht mehr übereinstimmten. Entgegen Olivers Erwartungen gab ich mein Studium nicht nach einem Semester auf, sondern schrieb gute Klausuren und machte trotz widriger Umstände große Fortschritte.

Kurz vor unserem Umzug in getrennte Wohnungen informierte mich Oliver darüber, dass Max bei ihm bleiben würde, da er ihn bei mir nicht gut aufgehoben glaubte. Ich tat, was ich zu dem Zeitpunkt für das einzig Richtige hielt, ich ließ es zu. Ich ließ los, und ich glaube, damit hatte Oliver nicht gerechnet. Ich ließ es zu, dass Oliver Max zu sich nahm, weil ich damals der Meinung war, ein Junge brauche seinen Vater. Max war acht Jahre alt, und ich hoffte, die beiden würden gut miteinander auskommen. So ganz konnte Oliver sein Vorhaben aber nicht umsetzen, da er erst abends von der Arbeit kam und Max' Schule bereits zu Mittag endete, sodass wir uns darauf einigten, dass Max die Nachmittage bei mir verbrachte, bis Oliver ihn abends abholte. Die Wochenenden wollten wir abwechselnd mit Max verbringen.

Ein halbes Jahr lang pendelte Max zwischen seinem Vater und mir hin und her. Morgens ging er von Oliver zur Schule, mittags holte ich ihn ab, wir aßen zu Mittag, Max machte Hausaufgaben, und wenn Zeit blieb, unternahmen wir etwas zusammen. Max war sehr tapfer und versuchte mit seinen neun Jahren, das Beste aus der Situation zu machen. In der Schule ging es ihm nicht gut. Seine Lehrerinnen arbeiteten mit negativer Verstärkung. Trotz hervorragender schriftlicher Leistungen verweigerten sie ihm die entsprechende Benotung mit der Begründung, sie wüssten, er könnte mehr. Sie wollten mündliche Leistungen, die er nicht in dem Maße bringen konnte wie die anderen Schüler. Max schrieb wunderbare Aufsätze in einer beeindruckenden Sprache und einer wunderschönen Schrift. Statt diese Leistungen zu honorieren, bemängelte die Lehrerin, dass seine Schrift durchgängig einen halben Millimeter über der Linie statt genau auf der Linie lag, und bestrafte ihn mit Punkteabzug. Max strengte sich an, auf der Linie zu schreiben, was seine Schrift entstellte und seine Fantasie abtötete. Seine Leistungen wurden schwächer. Es hieß, er gäbe sich keine Mühe.

Ein halbes Jahr lang hielt Max das Pendeln zwischen seinem Vater und mir aus, bis er nicht mehr konnte und mich unter Tränen bat, ich möge ihm erlauben, bei mir zu bleiben. Ich war erschüttert über seine Verzweiflung. Er habe das Gefühl, kein Zuhause mehr zu haben, klagte er, denn nirgends könne er bleiben, nirgends etwas anfangen, sich einrichten, sich einleben. Max entschuldigte sich fast dafür, dass er sich für seine beiden Kinderzimmer – bei seinem Vater und bei mir – undankbar zeigte. Mir brach fast das Herz, und ich beendete unverzüglich Max' Wohnsituation.

Ich hatte inzwischen mein Studium abgeschlossen und eine Vollzeitstelle angenommen. Ich schob Max' Schulschwierigkeiten nun auf die Pubertät und glaubte, etwas mehr Verantwortung könnte ihm guttun und sein Selbstbewusstsein fördern. Es tat ihm nicht gut. Max besuchte die Schule in der achten Klasse nur noch sporadisch und blieb sitzen.

Als sich auch beim Wiederholen der achten Klasse keine Besserung zeigte, suchte ich mit Max eine Kinder- und Jugendpsychiaterin auf. Sie diagnostizierte eine mittelgradige Depression und soziale Ängste und setzte Max auf die Warteliste für eine Psychotherapie. Die Schule legte uns nahe, Max in einer anderen Schulform einzuschreiben. Als er irgendwann überhaupt nicht mehr zur Schule gehen konnte, entschieden wir uns für eine stationäre Aufnahme in einer Klinik. Oliver hatte gute Recherchearbeit geleistet, und wir bekamen einen Platz in der Kinder- und Jugendpsychiatrie einer Klinik etwa 100 km von unserem Wohnort entfernt. Es war ein wunderbarer Ort, fast wie ein Ferienort, mit wunderbaren Mitarbeitern. Schon bei der Besichtigung wusste ich, dass ich mein Kind ohne Bedenken den Menschen hier anvertrauen konnte, dass er hier gut aufgehoben sein würde.

Max verbrachte ein halbes Jahr in der Klinik. Er wurde in dieser Zeit deutlich erwachsener, selbständiger und selbstbewusster. In seiner Abwesenheit hatte ich auch eine neue Schule für ihn gefunden und war sehr zuversichtlich, dass er den Transfer ins »normale Leben« gut schaffen würde. Für den Fall, dass er noch Startschwierigkeiten haben sollte, meldete ich ihn bei den »Chancengebern« an, einem Projekt, das Kindern mit Schulschwierigkeiten helfen sollte, diese Probleme zu bewältigen.

Max schaffte den Transfer nicht. Ich konnte es mir nicht erklären. Ein halbes Jahr hatte er in einer Gruppe Gleichaltriger verbracht, hatte sein Zimmer mit anderen geteilt, war regelmäßig zur Klinikschule und später in ein Gymnasium vor Ort gegangen, hatte sich an Gesprächen beteiligt und an Gruppenangeboten teilgenommen. Nichts davon klappte zu Hause. Max selber erklärte, er habe sich nun so lange anstrengen müssen, bestimmte Anforderungen zu erfüllen, dass er sich erst mal davon erholen müsse, bevor er weitermachen könne. Die Psychiaterin empfahl Psychopharmaka. Max lehnte vehement ab. Er wollte nur in Ruhe gelassen werden, sich abschotten, Reize minimieren. Da er noch schulpflichtig war, war ich sehr besorgt wegen seiner Fehlzeiten. Zwar zeigte die Realschule, an der er eingeschrieben war, sehr viel Verständnis für die Situation, doch mir war klar, dass auch dieser Schule vom Gesetz her Grenzen auferlegt waren und dass es bei weiterer Abwesenheit Konsequenzen geben würde.

Max bat mich derweil fast täglich, ihm zu vertrauen, ihm seinen eigenen Rhythmus zu lassen, seine eigene Zeit. Er wollte zur Schule gehen, er wollte die Realschule abschließen und danach wieder aufs Gymnasium gehen, um anschließend zu studieren. Und er flehte mich an, ihn nicht unter Druck zu setzen. Er meinte es ernst, und ich glaubte ihm. Ich war überzeugt davon, dass Zeit und Vertrauen die Dinge waren, die Max brauchte, um seinen Weg zu gehen. Ich wusste aus Erfahrung, dass Druck nicht nur nicht half, sondern dass er Max lähmte, ihn erstarren ließ und er aus dieser »Duldungsstarre«, wie ich sie nannte, erst wieder erwachte, wenn der Druck sich auflöste. Max hatte bisher alle großen und kleinen Lern- und Entwicklungsschritte in seinem Leben ausschließlich aus der eigenen Entscheidung heraus getan. Wenn er dem Druck von außen jemals nachgab, dann nur, um anschließend in sich zusammenzufallen und den unter Druck getanen Schritt wieder zunichte zu machen.

Obwohl (oder gerade weil) Max nicht zur Schule ging, hielt ich einen sehr engen Kontakt zu seiner neuen Klassenlehrerin, Frau Herz. Wir telefonierten mindestens einmal wöchentlich, und bald erkannte ich, dass Frau Herz sich von allen Lehrern, die Max bisher hatte, unterschied. Sie war in Max' Schullaufbahn der allererste Lichtblick, ein Geschenk in allerletzter Sekunde. Die erste Lehrerin, die in Max einen Menschen mit Gefühlen, Sorgen und Ängsten, Träumen und Hoffnungen sah. Frau Herz ist selbst Mutter zweier erwachsener Söhne. Sie rief mich nicht an, um nach den Gründen für Max' Fernbleiben zu fragen; sie rief an, um zu fragen, wie es Max und mir ging. Nie erwähnte sie, dass Max zur Schule kommen müsse oder dass sie bestimmte Leistungen erwarte; sie fragte, was sie für uns tun könnte, was wir brauchten, und sie machte mir Mut, die Hoffnung und den Glauben an Max nicht aufzugeben. Sie bot mir an, sie jederzeit anzurufen, wenn ich jemanden zum Reden brauchte, und nicht selten nahm ich dieses Angebot in Anspruch. Frau Herz schaffte es immer, mich aufzubauen. Sie ruft mich immer noch manchmal an.

In seiner schwersten Zeit entdeckte Max die Musik. Es war während eines Besuches bei meiner Freundin Hannah und ihrer Familie in Italien, einer der wenigen Orte, wo wir immer willkommen sind, wo Max' Verhalten nicht kritisch hinterfragt, sondern wertgeschätzt wird. Bei einem unserer Besuche bat mich Max, ich solle Thomas, Hannahs Mann, fragen, ob er ihm mal erlaube, eine Gitarre anzufassen, nur um zu sehen, wie sich das anfühle. Thomas, selber Musiker, gab Max eine Gitarre in die Hand, zeigte ihm, wie er sie halten sollte, und brachte ihm einige Akkorde bei. Max übte den ganzen Tag und die halbe Nacht, mehr als neun Stunden lang, bis er vor Schmerzen seine Finger nicht mehr bewegen konnte. Am nächsten Tag war ein neuer Max geboren, ein Max, der Gitarre spielte. Vor unserer Abfahrt ließ Thomas Max eine Gitarre aus seiner Sammlung auswählen, die er ihm auf unbestimmte Zeit zum Üben überlassen wollte, und ich fuhr mit einem »anderen« Kind nach Hause.

Inzwischen besitzt Max mehrere Gitarren, eine Ukulele und ein Keyboard. Die Musik ist ein sehr wichtiger Teil seines Lebens geworden. Er träumt davon, eines Tages Musik zu machen, auf einer Bühne zu stehen und seine Musik mit anderen zu teilen. Doch vorerst spielt er nur für sich, leise in seinem Zimmer. Manchmal, wenn es ihm sehr gut geht, kommt er heraus und spielt für mich.

Als Max auch mehrere Wochen nach der Entlassung aus der Klinik den Weg zur Schule nicht fand, suchte ich, wie mit Max' Psychiaterin abgesprochen, den Kontakt zu den »Chancengebern«. Ich erhoffte mir davon eine Unterstützung in Form von Schulbegleitung. Ich hatte mich über das Projekt informiert und erwartete eine kompetente Hilfe. In einem Vorgespräch schilderte ich Max' Schwierigkeiten und bat darum, dass er nur eine einzige Ansprechpartnerin bekommen sollte, da er nicht mit mehr als einem Menschen gleichzeitig kommunizieren konnte, und ich bat um eine Frau, weil das leichter für ihn war. Leider gab es die »Chancengeber« nur im Paket mit einer Jugendhilfe, die darin bestand, dass uns neben der Dame, die Max in Schulangelegenheiten unterstützen sollte, zwei junge Herren in unserem Privatleben begleiten und beraten würden. Leider ging die Haupt-Ansprechpartnerin nach dem Erstgespräch für vier Wochen in den Urlaub, sodass ab dem zweiten Termin eine weitere Dame hinzukam, die Max nicht kennengelernt hatte. Das Durcheinander war auch für mich kaum zu durchschauen. Die Dame, die Max vertretungsweise helfen sollte, zur Schule zu gehen (Frau A.), stellte sich schnell als wenig hilfreich heraus. Sie erschien morgens oft zu spät oder gar nicht, obwohl gerade der Weg zur Schule besonders wichtig war. Wenn sie erschien und Max mit dem Auto zur Schule brachte, stellte sie ihm während der Fahrt Fragen, die ihn sehr verunsicherten. Max fühlte sich von ihr beobachtet, analysiert und unangenehm beurteilt. Für ihn, der morgens aufs Heftigste mit Schulangst zu kämpfen hatte, wurden diese Autofahrten schnell zum Horror, sodass er sich bald weigerte, zu Frau A. ins Auto zu steigen.

Die Herren waren auch nicht besser. Herr B., Sozialpädagoge, dem die Aufgabe zufiel, Max gegen seinen Willen sozial zu beschäftigen, hatte die Idee, Max mit seinen sozialen Ängsten zu konfrontieren – ohne Vorbereitung, ohne seine Geschichte zu kennen, ohne entsprechende Ausbildung und Zulassung. Er sagte Max nach dem ersten Treffen, beim nächsten Mal würde er ihn von zu Hause abholen und mit ihm irgendwohin fahren; wohin, würde er nicht verraten, und Max solle in der Woche bis dahin nicht daran denken. Wenige Stunden nach diesem Gespräch war Max ein Nervenbündel und ich stinksauer. Ich rief Herrn B. an und bat ihn, derartige Aktionen in Zukunft zu unterlassen. Max, der sich große Mühe gegeben hatte, mit Herrn B. zu kooperieren, weil er begriff, dass er nur so die Hilfe der »Chancengeber« bekommen konnte, misstraute ab dieser Aktion seinem »Hilfe-Erbringer«.

Herr C. nahm mich und meine Rolle als Mutter unter die Lupe. Ich plauderte ein wenig über unser Zusammenleben und erzählte unter anderem – weil ich deutlich machen wollte, dass wir auch durchaus schöne Zeiten miteinander verbringen –, dass ich mit Max schon wunderbare Gespräche über Gott und die Welt auf einer sehr erwachsenen Ebene führen konnte. Da fegte Herr C. mit einer Handbewegung über den Tisch, als wolle er alles wegwischen, was ich eben gesagt hatte, und fuhr mich an, ich solle das lassen! Ich solle sofort aufhören, mit Max derartige Gespräche zu führen, das sei nicht meine Aufgabe als Mutter, damit würde ich nur verhindern, dass er Freunde fände, das wären genau die übertrieben hohen Ansprüche, die Max daran hinderten, sich im Kreise Gleichaltriger normal zu verhalten. Ich war völlig entsetzt und brachte kein Wort mehr heraus.

Das Fass zum Überlaufen brachte Herr B., der sich überlegt hatte, das Beste für Max wäre, ihm jedes intelligente Gespräch zu verweigern und sich stattdessen mit ihm ein Comic-Porno anzusehen und dabei zu masturbieren. Das wäre es, was ein Sechzehnjähriger bräuchte.

Ich warf sie allesamt raus aus unserem Leben, Frau A., Herrn B., Herrn C. und schließlich auch Frau D., als sie aus dem Urlaub kam und ihre Schweigepflicht in Bezug auf Max verletzt hatte.

Die »Chancengeber« hatten Max nicht nur nicht geholfen, sondern sogar sehr geschadet. Sein Misstrauen gegenüber jeder Art von Helfern war nun so groß, dass er sich auf keine weiteren Maßnahmen einlassen wollte. Mit der Schule klappte es immer noch nicht, die Depression war schlimmer als je zuvor.

Sechs Monate nach der Entlassung aus der Klinik ging es ihm so schlecht, dass ich Angst um sein Leben hatte und ihn erneut in die Klinik einwies, diesmal nicht so weit weg und auch nicht so komfortabel. Nach wenigen Wochen schaffte er es, von dort aus seine eigene Schule zu besuchen und auch im Unterricht zu bleiben. Nach zehn Wochen wurde er entlassen und schaffte es weiter, zur Schule zu gehen. Niemand außer mir merkte, dass Max keineswegs »geheilt« war, sondern dass er in der Klinik seine ganze Kraft aufgewendet hatte, das von ihm erwartete Verhalten an den Tag zu legen, damit er so bald wie möglich entlassen werden konnte. Seine Rechnung ging auf.

Dass Max es schaffte, weiterhin zur Schule zu gehen, verdankte er Frau Herz. Mit sehr viel Verständnis und Einfühlungsvermögen erkannte sie einerseits Max' Bedürfnisse, andererseits aber auch seine Fähigkeiten, und sie fand Möglichkeiten, ihn ohne Druck dazu zu bewegen, die nötigen Leistungen zu bringen. Frau Herz erkannte sehr schnell, dass Max mit dem für eine Schulklasse normalen Lärmpegel überfordert war, und erlaubte ihm, sich in einen ruhigeren Raum zurückzuziehen, wenn die Reize zu stark wurden. Für die mündlichen Leistungen, zu denen Max vor der Klasse nicht in der Lage war, fand sie andere Möglichkeiten. Nicht zuletzt hatte Max seine Erfolge auch der Direktorin, Frau Stark, zu verdanken, die von Anfang an ebenfalls an seine Fähigkeiten und Ressourcen geglaubt und ihm die optimale Förderung ermöglicht hatte, sodass er für seine Verhältnisse fast angstfrei die Realschule als einer der zwei Jahrgangsbesten absolvierte. Nach außen hin gelassen und mit einer perfekten Haltung überstand Max den Abschlussball, die Zeugnisübergabe und die Gratulationen für seine hervorragenden Leistungen. Als ich mit ihm in der Sommernacht mit dem letzten Bus nach Hause fuhr, war er trotz Müdigkeit fast ausgelassen; ich hätte vor Glück weinen können.

Am nächsten Tag aber fiel Max in ein Tief, das die ganzen Sommerferien anhielt. Den ersten Tag am neuen Gymnasium schaffte er nur unter größter Anstrengung, ebenso den zweiten Schultag. Am dritten Tag stellte ihm ein Lehrer eine Frage vor der Klasse, was dazu führte, dass er aus Angst erst mal nicht mehr zur Schule ging.

Nach dem zweiten Klinikaufenthalt hatte ich Max auf die Warteliste für eine ambulante Psychotherapie setzen lassen, um für den Notfall einen Rückhalt zu haben. Nun war dieser Notfall eingetreten, und ich erkundigte mich, ob inzwischen ein Platz frei sei. Wir hatten Glück, Max bekam innerhalb weniger Tage einen Therapieplatz. Doch es wurde nicht besser. Die Therapeutin bekam keinen Zugang zu ihm, er öffnete sich nicht so, wie sie es sich gewünscht hatte. Irgendwann wurde ich zu einem Gespräch eingeladen, in dem mir mitgeteilt wurde, dass die Therapie bisher wenig erfolgreich sei, da Max sich verschließe, und dass es fraglich sei, ob weitere Termine überhaupt sinnvoll wären. Er selber meinte dazu, er fände Therapie besser, wenn er dabei nicht reden müsste. Dies brachte seine Therapeutin auf die Idee, Max zu einer Kollegin zu schicken, die Maltherapie anbot. Bereits nach den ersten Stunden bei der neuen Therapeutin äußerte diese den Verdacht, Max habe möglicherweise autistische Züge, und sie bot uns an, eine entsprechende Diagnostik durchzuführen.

Mit 18 Jahren bekam Max die Diagnose Asperger-Syndrom. Es war, als hätte mir jemand die größte Last meines Lebens auf einmal abgenommen. Meine Unsicherheit, meine Zweifel, meine Ängste – alles war plötzlich weg. Ich hatte die ganze Zeit recht gehabt. Max war anders, ich hatte es gespürt, ich war nicht verrückt, war keine überbehütende Mutter. Es war richtig, Max zu beschützen. Es war richtig, auf ihn zu hören, seine Ängste ernst zu nehmen, ihm reizarme, ruhige Oasen zu ermöglichen. Es war richtig, ihm bestimmte Dinge abzunehmen, die er nicht leisten konnte, Dinge, die andere in seinem Alter problemlos allein schafften. Es war richtig, meiner Intuition zu folgen. Und es war falsch, Max großem Druck auszusetzen, ihn zu Handlungen zu zwingen, die er nicht leisten konnte, ihm Hilfe zu verweigern und ihm nicht zu glauben. Insgesamt hatte ich es 18 Jahre lang größtenteils richtig gemacht.

In den anderthalb Jahren seit der Diagnose hat sich viel bei uns getan. Es ist Ruhe eingekehrt – und Bewegung. Max und ich genießen eine wunderbare, kompetente und liebevolle Betreuung. Zwar bin ich immer noch sein Hauptsprachrohr zur Welt, doch langsam, ganz langsam baut er auch Beziehungen zu anderen Menschen auf. Seine Lehrer haben sich darauf eingelassen, ihm in der Schule Lernbedingungen zu schaffen, die es ihm ermöglichen, bestmögliche Leistungen zu erbringen. Die Mitschüler wurden über das Asperger-Syndrom aufgeklärt und gehen ganz natürlich und wertschätzend mit Max um.

Natürlich gibt es Rückschritte, Tage, an denen Max nicht zur Schule gehen kann, weil eine Kleinigkeit das Gleichgewicht stört, eine Kleinigkeit, die sich nach dem Schneeballprinzip rasant zu einem ausgewachsenen Problem entwickelt und seine Welt zum Stillstand bringt. Dann bekomme ich Angst, es könnte nicht weitergehen, Max würde die Schule nicht schaffen, sein Ziel nicht erreichen, scheitern. Doch wir stehen immer wieder auf, springen immer wieder auf, auf den Zug des Lebens, manchmal einen Wagen weiter hinten, aber immer das Ziel vor Augen.

Ich bin dankbar für mein Leben, dankbar für jeden Tag mit Max, der mich zwingt, mich zu mir selbst zu bekennen, zu meinen Werten, zu dem, was ich wirklich bin: eine lebenslustige, naturverbundene Frau. Ich bin dankbar für Max, er ist das Beste, was mir in meinem Leben passieren konnte, und er ist genau das Kind, das ich mir gewünscht habe: Max ist intelligent, ich kann mit ihm über alles reden, er ist interessiert an der Welt und an den Menschen, er ist umweltbewusst, erfasst Zusammenhänge auf einen Blick, hat einen ausgeprägten Sinn für Schönheit und einen Blick fürs Detail. Max raucht nicht, trinkt keinen Alkohol, nimmt keine Drogen. Ich muss mir abends nie Sorgen um ihn machen. Max sagt immer die Wahrheit, kann gar nicht lügen, betrügt nie. Unsere innere Bindung ist stark, und wir arbeiten daran, dass sie eines Tages nicht mehr auf Abhängigkeit beruht.

Max ist mein Wunschkind.

Annette Hocher ist 48 Jahre alt, hat Sozialpsychologie, Pädagogik und Personalentwicklung studiert, arbeitet als Rehacoach und Berufscoach und lebt mit ihrem Sohn im Süden von Niedersachsen.

3 Resilienz – Was können betroffene Mütter für sich tun?

Mütter autistischer Kinder erleben durch die Mehrfachbelastung immer wieder Überforderungssituationen, die anstrengend sind und all ihre Kräfte fordern. Zugleich sind sie oft großem Unverständnis seitens der Umgebung ausgesetzt und befinden sich immer wieder in einem Spagat zwischen Erklärung und Rechtfertigung, Trauer und Verzweiflung, immer neuen Herausforderungen durch die wechselnden Anforderungen in den verschiedenen Lebensbereichen und durch viele weitere Faktoren.

Mit einem autistischen Kind zu leben, ist anders als die Lebensrealität nicht betroffener Menschen. Allgemeine Erkenntnisse zur Resilienz sind daher sinnvoll, aber sie sind allein nicht ausreichend, sondern sie müssen an die Lebensrealität dieser Frauen angepasst werden. Untersuchungen haben nämlich bestätigt, dass es Müttern von Menschen mit Autismus nachweislich hilft, eine gute psychische Widerstandskraft zu erlernen, um mit dem alltäglichen Stress besser umgehen und die zahlreichen Aufgaben erledigen zu können (Bekhet et al. 2012, Van Breda 2001). Welche Faktoren dafür entscheidend sind und was man selbst für sich tun kann, soll nachfolgend dargestellt werden.

Kontakte herstellen, Beziehungen pflegen

Es ist wichtig, sich rechtzeitig Unterstützung zu holen. Dafür hilft es oft, den Kontakt zu Gleichgesinnten aufzubauen, also zu anderen betroffenen Müttern, etwa in Form einer Selbsthilfegruppe oder eines Erfahrungsaustauschs. In einer solchen Gruppe entstand auch die Idee, die eigenen Erlebnisse in Buchform zur Verfügung zu stellen und so anderen Müttern die Gelegenheit zu geben, von den Erfahrungen zu profitieren, insbesondere von den Lösungsmöglichkeiten, die die anderen für sich gefunden haben, wenngleich diese natürlich geprüft und ggf. modifiziert werden müssen. Nicht alle Strategien sind für jeden richtig, die Menschen sind unterschiedlich, haben verschiedene Wünsche, Bedürfnisse und Voraussetzungen, und auch alle Mütter von Menschen mit Autismus sind ganz individuelle Geschöpfe.

In jedem Fall aber können enge Freundschaften und Beziehungen zu Menschen, die sich wirklich für uns interessieren, uns helfen, schwierige Zeiten durchzustehen. Sich jemandem anvertrauen zu können, tut Körper und Seele gut. Ganz wichtige Punkte sind dabei Akzeptanz und Verständnis durch Gleichgesinnte. Ohne die eigenen Reaktionsweisen oder die des Kindes mühsam erklären zu müssen, sind sie den anderen Müttern verständlich und oft auch aus der eigenen Lebensgeschichte bekannt. Schwierige autistische Verhaltensweisen, die bei anderen Menschen Ablehnung hervorrufen, lassen sich gemeinsam nicht selten in einem völlig anderen Licht sehen. Der oft erlebte und für die engagierten und motivierten Mütter brutal kränkende Vorwurf der eigenen Unfähigkeit im Hinblick auf die Erziehung des Kindes spielt unter Gleichgesinnten keine Rolle. Hier weiß man es und erinnert sich gegenseitig daran, dass es keine eigenen Fehler waren, die das Kind so werden ließen.

Auch kann ein Erfahrungsaustausch Motivation und Kraft geben, wenn man bei anderen Müttern Fortschritte bemerkt, für die es sich zu kämpfen lohnt. Bei autistischen Menschen brauchen viele Verbesserungen schließlich sehr viel mehr Zeit, als dies üblicherweise der Fall ist, aber nicht selten zeigen sich dann Fortschritte, die man in ihrer Intensität nie für möglich gehalten hätte (vgl. Preißmann 2018 und 2018b).

Eine wichtige Kraftquelle für betroffene Mütter ist außerdem eine stabile Partnerschaft. Umgekehrt aber stellt das Vorhandensein eines autistischen Kindes die elterliche Beziehung erheblich auf die Probe. Betroffene Eltern beschreiben ihre Zufriedenheit in der Partnerschaft als deutlich schlechter im Vergleich zu Kontrollgruppen (Brobst et al. 2009). Zahlreiche Passagen der Erfahrungsberichte in diesem Buch bestätigen dies. Der Tag ist für beide Partner ausgefüllt mit Stress, man ist gereizt, braucht abends Ruhe, auch die Aufteilung der Aufgaben ist oft mit Ärger und Streit verbunden. Finanzielle Belastungen kommen hinzu: Wegen der erhöhten Anforderungen im Hinblick auf die Betreuung des betroffenen Kindes kann oft nur ein Elternteil arbeiten gehen.

Untersuchungen haben gezeigt, dass die Eltern, die eine glückliche Partnerbeziehung führen, deutlich besser in der Lage sind, mit den Belastungen umzugehen. Sie lassen sich auch durch erheblichen Stress nicht so leicht aus der Ruhe bringen und zeigen weniger Depressionen (Siman-Tov u. Kaniel 2011, Benson u. Karlof 2009). Umgekehrt führt ein stärkerer partnerschaftlicher Ärger und Stress auch zu schwereren Symptomen und Beeinträchtigungen des autistischen Kindes (Bekhet et al. 2012).

Es ist also wichtig, bei aller Sorge für das autistische Kind auch die Pflege der Partnerschaft nicht zu vergessen und dafür immer wieder auch Freiräume zu schaffen, also etwa zusammen auszugehen, vielleicht in ein schönes Restaurant oder ins Kino, oder einfach ein paar gemeinsame entspannte Stunden an einem Sommerabend im Garten zu verbringen. Ohne schlechtes Gewissen, sondern in der Gewissheit, dass man auf diese Weise durch die Pflege der Partnerschaft eben auch einen wesentlichen Beitrag leistet zum Wohlbefinden des Kindes. In schwierigen Zeiten darf man für die partnerschaftliche Beziehung aber durchaus auch professionelle Hilfe in Anspruch nehmen.

Professionelle Unterstützung

Wichtig ist also auch die Unterstützung durch Fachleute, nicht erst dann, wenn nichts mehr geht, sondern von Anfang an. In den folgenden Kapiteln wird noch genauer ausgeführt, wie das aussehen kann, hier aber soll bereits auf die Studienlage hingewiesen werden, die verdeutlicht, dass die Mütter autistischer Kinder, die eine gute psychosoziale Betreuung durch kompetente Fachkräfte erhalten, deutlich weniger Stress erleben und deutlich seltener an Depressionen leiden als diejenigen, die keine Unterstützung haben. Sie fühlen sich außerdem zufriedener in ihrer Partnerschaft und sind wesentlich besser in der

Lage, mit den Besonderheiten ihres Kindes angemessen umzugehen (Bekhet et al. 2012). Als besonders effektiv wird dabei insbesondere die Hilfe für den Bereich Schule empfunden, hier sind die positiven Effekte am stärksten ausgeprägt, übrigens sowohl bei den Müttern als auch bei den betroffenen Kindern, die bei effektiver Unterstützung eine deutliche Verbesserung ihres Funktionsniveaus und weniger Verhaltensauffälligkeiten zeigen (Luong et al. 2009).

Für alle Beteiligten ist also eine gute professionelle Begleitung wichtig. Als effektiv haben sich anfangs (in der ersten Zeit nach der Diagnosestellung) kurzzeitige Interventionen erwiesen, die etwa über drei Monate hinweg Psychoedukation, Beratung und die Vermittlung an weiterführende Hilfen enthalten. Wichtig ist aber insbesondere die Unterstützung für Eltern und Kind in der jeweiligen Lebenssituation, ganz besonders eben im Kontext Schule, aber auch später noch vor allem bei den Lebensübergängen, die ein großes Krisenpotenzial bergen (Pubertät, Übergang in den Beruf, Änderung der Wohnsituation, Älterwerden der eigenen Eltern, Abschied und Tod, Erleben der Wechseljahre, Eintritt in das Rentenalter etc.), was eine langfristige Begleitung und die Möglichkeit einer zusätzlichen Kontaktaufnahme in Krisensituationen erfordert (Bekhet et al. 2009).

Probleme als Herausforderungen annehmen und daran wachsen

Wenn es gelingt, aus Problemen gedanklich Herausforderungen zu machen, dann hat das für den Umgang mit ihnen deutliche Konsequenzen. Probleme lähmen und lassen uns eher resignieren, bei Herausforderungen dagegen versuchen wir, aktiv zu werden und uns ihnen zu stellen. Das gelingt natürlich nicht immer und nicht bei jedem Problem, aber oft kann man es versuchen. Entscheidend dafür ist auch die Art und Weise, wie wir uns motivieren, schwierige Situationen anzugehen. Eine positive Selbstinstruktion ist dabei sehr hilfreich, indem wir uns in diesen Momenten also Sätze sagen wie: »Es gibt eine Lösung, und ich werde sie finden.« – »Bleib ganz ruhig und hab Vertrauen. Das kriegst du schon wieder hin.«

Die Erfahrung, schwierige Situationen bewältigen zu können und erfolgreich bewältigt zu haben, ist außerordentlich wichtig für unser Selbstbewusstsein und für das Vertrauen in die eigene Handlungskompetenz. Widerstandskraft wächst im Laufe des Lebens und reift in einem Menschen erst durch die bewältigten Höhen und Tiefen.

In einer akut belastenden Situation gelingt es in der Regel nicht, darin einen Sinn zu sehen. Im Nachhinein aber kann man oft erkennen, dass vermeintlich übergroße Belastungen und Krisen nicht selten Chancen für uns sind. Sie können manche Hilfen erst möglich machen, sie können den Blickwinkel ein bisschen verändern, sodass es möglich ist zu erkennen, was im Leben wirklich zählt und auf wen wir uns verlassen können. Sie bieten die Gelegenheit, manches zu überdenken und so zu verändern, dass es zukünftig besser wird. Und sie verdeutlichen uns in solchen Momenten, wie viel Kraft, Mut und Ausdauer jeder von uns hat, welche ganz unterschiedlichen Ressourcen jedem von uns zur Verfügung stehen und dass es dadurch möglich ist, diese Situationen erfolgreich zu bewältigen.

Eltern autistischer Kinder erfahren das stets aufs Neue. Dabei darf man durchaus auch Glücksmomente erleben, denn die Möglichkeit, solche Erfahrungen machen zu dürfen, ist trotz aller Belastung immer wieder auch ein Geschenk. Es ist »nicht das leichte Leben, das uns glücklich macht. Am meisten kommt es auf unsere Haltung gegenüber Schwierigkeiten an und darauf, wie wir mit ihnen umgehen« (Bormans 2012, 323).

Ressourcenorientierung und Realität

Es ist wichtig, ein realistisches Bild zu entwickeln, gleichzeitig aber vor allem den Blick auf Stärken und Ressourcen zu lenken. Bis vor Kurzem definierte man den Autismus hauptsächlich durch eine Aufzählung von Defiziten. Kein Mensch aber ist eine Summe seiner Unzulänglichkeiten; jeder, ob behindert oder nicht, hat daneben auch ganz viele positive Seiten, Fähigkeiten, günstige Charaktereigenschaften und Ressourcen. In den letzten Jahren ist die Sicht auf diese »andere« Seite des Autismus hinzugekommen. Nun kann man vieles definieren, was die Betroffenen zu wertvollen Menschen macht, und diese Fähigkeiten ganz konkret im Alltag nutzen (s. Kapitel »Therapeutische Unterstützung«; vgl. auch Preißmann 2018 und 2018b).

Aber auch die Kompetenzen und Stärken der eigenen Person müssen Beachtung und Wertschätzung finden. Es ist immer wieder wichtig, sich darüber Gedanken zu machen und sich dazu vielleicht auch ein paar Sätze aufzuschreiben, damit man sich in schwierigen Zeiten daran erinnern und darauf stützen kann. Vor allem dann, wenn aufgrund der aktuellen Lebensumstände die Bewältigung des alltäglichen Lebens schwerfällt oder nicht mehr möglich ist. Dann wird das, was zuvor ganz selbstverständlich war und vielleicht gar nicht besonders beachtet wurde, plötzlich zu etwas Besonderem: Auto fahren, lesen, einkaufen, Gespräche führen, arbeiten gehen, den Haushalt führen, Freunde besuchen, sich um die Kinder kümmern, allein sein. Manche Ressourcen nehmen wir erst wahr, wenn sie bedroht sind. Aber dann entdeckt man oft auch, dass verloren gegangene Ressourcen in anderer Form zurückkehren können. So kann also etwa durch den Verlust des einen Hobbys (vielleicht Marathonlauf, der nach einer schweren Beinverletzung nicht mehr möglich ist) ein neues Interesse entstehen, mit dem es einem gut geht (z. B. Qigong). Wo etwas wegfällt, entsteht immer auch Raum für Neues, und es muss nicht alles perfekt sein, um schön zu sein.

Es ist notwendig, sich ganz persönliche Ziele zu setzen und dabei durchaus optimistisch zu planen, aber auch die Realität nicht zu vergessen. Realistische Ziele machen zufriedener als unerreichbare Tagträume. Zielorientierung ist ein entscheidender Schlüssel zum Glücklichsein; es ist wichtig zu wissen, wofür man kämpft und wozu man die eigenen Entbehrungen auf sich nimmt.

Man hat herausgefunden, dass auch Aspekte der Weltanschauung für Mütter von Menschen mit Autismus durchaus eine Rolle spielen. So zeigte eine Studie von Ekas, Whitman und Shivers (2009), dass Glaube und Religion bedeutsame Schutzfaktoren darstellen im Hinblick auf das Wohlbefinden und die psychische Gesundheit.

Sicherheit und Stabilität, aber auch Offenheit für Neues

Von Kindern kann man lernen, dass Offenheit – für Wissen, Neues und Ungewohntes, Unterschiede und für das Engagement für andere Menschen – eine der wichtigsten Quellen des Glücks ist. Wachstum und Entwicklungsprozesse gehören zur Suche nach Glück, und Glück ist ein Prozess des Aufbauens – von Perspektiven, Beziehungen, Lebensentwürfen und vielem mehr. Die meisten jungen Menschen suchen das Neue, suchen neue Herausforderungen und Erfahrungen, neue Chancen. Das wirkt lebendig, aber das ist auch anstrengend und nicht selten voller Unsicherheit.

Viele unserer Gewohnheiten erleichtern uns nämlich durchaus unser Leben, machen es sicherer und oft auch schöner. Auf einige lieb gewonnene Rituale des Alltags möchten wir nicht verzichten. Doch hin und wieder entstehen über die Jahre auch Strukturen, mit denen man sich nicht mehr wohlfühlt und die einfach nicht mehr passen. Dann kann es sinnvoll sein, neue Wege zu wagen. Das aber ist, vor allem, wenn es sich dabei um eine Veränderung langfristig gewachsener Strukturen handelt (Veränderungen innerhalb der Familie, des Arbeitsplatzes etc.), oft mit besonderen Herausforderungen verbunden. Meist ist es deshalb sinnvoll, kleinschrittig vorzugehen und sich ggf. Unterstützung zu holen, um nicht alles allein bewältigen zu müssen. Es tut gut, jemanden an seiner Seite zu wissen, der unterstützen und Mut machen kann.

Manchmal sind es aber auch gerade die kleinen Veränderungen, die das Gefühl vermitteln, sich selbst neu zu erfinden, ein neuer Kleidungsstil etwa, gelegentliche Restaurantbesuche (auch allein!), die Teilnahme an Kursen und Seminaren, um in Kontakt zu kommen, Schönes zu erleben und Neues zu lernen. Das Leben bietet unzählige Möglichkeiten.

In manchen Zeiten aber brauchen wir mehr Stabilität als sonst. Dann ist es nötig, sich auch der eigenen Grenzen bewusst zu werden, die Hilfe anderer Menschen anzunehmen und einzufordern, aber auch selbst andere zu unterstützen und mit ihnen zu teilen, sozial engagiert zu sein. Kleine Rituale zu entdecken und neu zu beleben, tut oft gut und gibt in solchen Momenten Sicherheit. Stehen Sie also, wenn es Ihnen damit gut geht, stets zur gewohnten Zeit auf, halten Sie Ruhezeiten ein, essen Sie regelmäßig, führen Sie Telefonate mit Menschen, die Sie mögen, gehen Sie Ihren Interessen nach, behalten Sie auch in schwierigen Zeiten so weit wie möglich den gewohnten Tagesablauf bei. Es ist wichtig, ein Gespür dafür zu bekommen, wie viel Veränderung sinnvoll, wie viel Routine aber gerade wichtig ist. Das kann jeder nur für sich ganz persönlich herausfinden.

Optimismus

Untersuchungen zur Resilienz bei Müttern autistischer Kinder können Mut machen und einen optimistischeren Blick in die Zukunft ermöglichen. Man fand nämlich heraus, dass das Alter des betroffenen Kindes eine große Rolle spielt für das Wohlbefinden. Je älter das Kind wurde, desto geringer wurden der Stress und die Bürde, die die Mütter empfanden (Hartley et al. 2011). Man darf also durchaus zuversichtlich sein. Im Laufe der Zeit gelingt es sowohl den betroffenen Menschen selbst als auch den Angehörigen immer besser, mit den Einschränkungen umzugehen und Lösungen zu finden für die Schwierigkeiten des Alltags. Dieses Wissen kann es den Müttern erleichtern, problematische Zeiten durchzustehen und an Verbesserungen zu glauben. Das sollen auch die Berichte der betroffenen Mütter in diesem Buch verdeutlichen, sie alle sind Beispiele dafür, dass das Leben im Laufe der Zeit leichter wird, manchmal durch das größere Wissen über den Autismus, aber auch durch die größere Lebenserfahrung und die ganz konkreten Hilfsmöglichkeiten.

Kuhaneck und Kollegen (2010) ermittelten, dass eine optimistische Lebenseinstellung und Freude am Leben den betroffenen Müttern dabei helfen, ihre Anforderungen zu bewältigen, die sich ihnen im Alltag stellen. Eine positive und lebensbejahende Grundstimmung allein schafft noch keine Resilienz, aber die Zuversicht, sich nicht unterkriegen zu lassen, der feste Glaube, die eigene Lage bessern zu können, machen eine starke Seele aus (Seligman 2012).

Antonovsky (1997) definierte den Kohärenzsinn als die Summe der Einstellungen, Handlungen und Motivationen, die die Welt als verständlich, sinnvoll und beherrschbar erscheinen lassen (s. o.). Eltern autistischer Menschen, die einen hohen Kohärenzsinn haben, zeigen sich in einer Studie deutlich besser in der Lage, ihr Leben zu meistern (Siman-Tov u. Kaniel 2011). Eine gute professionelle Unterstützung kann ihnen auch dabei sehr helfen, aber man kann auch selbst etwas tun. Denken Sie jeden Abend ganz gezielt an drei Dinge, Situationen, Momente des Tages, die gut gelaufen sind. Schreiben Sie sie auf und begründen Sie, was (oder wer) dazu beigetragen hat, dass Sie sie meistern konnten. Diese einfache Übung verbessert nachgewiesenermaßen Stimmung und Optimismus. Die Erklärung dafür ist, dass man die Aufmerksamkeit ganz gezielt auf das Positive richtet, mehr darüber nachdenkt und sich besser daran erinnert, statt, wie es meistens geschieht, sich an das zu erinnern, was schiefgelaufen ist (vgl. u. a. Walter 2014).

Sich selbst etwas Gutes tun

Viele Frauen reiben sich heute zwischen Beruf und Familie auf. Und je erschöpfter man sich fühlt, umso weniger stressresistent und umso angstbereiter ist man. Für Mütter von Menschen mit Autismus stellt die Behinderung ihres Kindes im Hinblick auf die eigene Gesundheit ein zusätzliches Risiko dar (Allik et al. 2006). Es ist also unerlässlich, ganz gezielt das eigene Wohlbefinden im Blick zu haben und die Beziehung zu sich selbst positiv zu gestalten. Dazu gehört es auch, die eigenen Bedürfnisse, Wünsche und Vorlieben wahrzunehmen.

Sinnvoll ist alles, was das Wohlbefinden unterstützt und fördert. Ausflüge, die man allein unternimmt, Schwimmbadbesuche oder andere sportliche Aktivitäten, ein guter Kaffee, der Besuch bei Freunden, schöne Musik bei Kerzenlicht etc. sorgen oft schon für den nötigen Abstand, um dann wieder ausreichend Kraft zu haben für den Alltag. Geeignet sind vor allem regelmäßige Aktivitäten, etwa der wöchentliche Besuch eines Volkshochschulkurses oder die Teilnahme an anderen Angeboten.

Wichtig sind außerdem gezielte Entspannungstechniken und auch sportliche Betätigung. So hat man festgestellt, dass es kaum etwas Besseres gibt als »wohldosierte körperliche Aktivität, um (…) Stress abzubauen, den Kopf freizubekommen und in einen entspannten Modus zu finden« (Schönberger 2014, 25). Verantwortlich ist dafür zum einen das gute Gefühl, etwas erfolgreich bewältigt zu haben, aber auch die Tatsache, dass wir durch die Bewegung die Stresshormone des Körpers abbauen und so den Hormonhaushalt wieder ins Gleichgewicht bringen können.

Insgesamt ist es für eine gute Erholung wichtig, sich gut zu kennen, den eigenen Persönlichkeitsstil zu berücksichtigen und ganz gezielt das auszuwählen, was ganz individuell guttut. Inzwischen gibt es Hinweise dafür, dass es günstig ist für die Erholung, in der freien Zeit ganz gezielt »Kontrasterfahrungen« anzustreben, also die Anforderungen zu vermeiden, die man auch in Arbeit und Alltag hat. Steht man also ständig in der Öffentlichkeit, dann braucht man in der Freizeit die Möglichkeit, sich zurückzuziehen. Wer sich häufig um andere kümmern muss, sollte sich auch selbst mal umsorgen und verwöhnen lassen, etwa bei einer Massage (vgl. Schönberger 2014).

Bauen Sie also gerade in schwierigen und anstrengenden Zeiten immer wieder kleine Lichtblicke in Ihren Alltag ein, die Ihnen die Zeit verschönern und erleichtern. In den Terminkalender gehört ganz gezielt auch Schönes für Sie! »Man muss immer etwas haben, worauf man sich freut«, fand Eduard Mörike. Und diese angenehmen Augenblicke lassen sich auch sammeln, indem man z. B. am Morgen ein paar Büroklammern oder andere kleine Dinge in die Hosentasche steckt und für jede schöne Situation, jedes positive Erlebnis eine Klammer in die andere Hosentasche wandern lässt. Abends kann man die Klammern herausholen und die schönen Momente Revue passieren lassen. Es ist bewiesen, dass man sich besser fühlt, wenn man sich ganz gezielt das Positive ins Gedächtnis ruft. Man lernt auf diese Weise, die schönen Aspekte auch ganz alltäglicher Begebenheiten besser wahrzunehmen und zu vermehren.

Denken Sie also immer wieder ganz gezielt an schöne Situationen, Orte voller Lebensfreude, und träumen Sie sich dorthin! Schon wenige Minuten reichen dafür aus, das Glücksgefühl aber hält viel länger an, ähnlich einer »Depotwirkung« also. Auch werden Sie auf diese Weise achtsam für das Schöne, das Sie umgibt.

Akzeptanz und Verantwortung

Wichtig ist es auch, die eigene Situation zu akzeptieren. All die Dinge, die uns im Leben zugestoßen sind, waren Herausforderungen. Sie haben uns dorthin gebracht, wo wir jetzt sind. Und sie helfen manchmal dabei, das Leben ein bisschen anders zu sehen, das zu akzeptieren, was wir haben, und irgendwann sogar zufrieden zu sein damit. Und die Fähigkeit zu erlernen, es sich so schön wie möglich zu machen.

Für Mütter autistischer Kinder bedeutet es oft eine große Herausforderung, Akzeptanz zu entwickeln, die Einschränkungen des Kindes anzuerkennen, sich damit zu arrangieren und schließlich Frieden zu finden in der eigenen gegenwärtigen Lebensrealität. Bis hierher ist es nicht selten ein langer Prozess, der ein aktives Mitarbeiten erfordert, um schließlich den Autismus als etwas anzunehmen, das einen lebenslang begleitet. Man hat herausgefunden, dass das Entwickeln von Akzeptanz ganz wesentlich zu einem glücklichen Leben der betroffenen Mütter beiträgt (Luong et al. 2009). Es hilft ihnen, ihre Sichtweise zu verändern und das wertzuschätzen, was sie haben, statt dem nachzutrauern, was ihnen verwehrt bleibt (Bayat 2007).

Beachten Sie in jedem Fall die Individualität. Viele Menschen meinen es gut, haben viele gute Ratschläge und Ideen. Was davon ganz konkret für die eigene Person richtig und gut ist, kann man nur selbst entscheiden. Es lohnt sich, auszuprobieren und auch ungewöhnliche Wege zu gehen. Wer dem eigenen Selbst treu bleibt, fühlt sich echt und authentisch.

Die Angst, die Erwartungen der anderen nicht erfüllen zu können, gehört zu den schlimmsten Ängsten, mit denen wir umgehen müssen. Aber es geht nicht immer nur um die anderen – es geht um Sie.

Eine wichtige Frage ist: Was will ich eigentlich? Im Unterschied zu: Was sollte ich wollen? Lebensträume und »wünschenswerte soziale Ziele« sind ja oft »von der Stange«: ein Haus, eine gute Ehe, zwei Kinder, beruflicher Erfolg, Digitalkamera und Flachbildschirm. Viele Lebensrealitäten sind also »Konfektionsware«. Um wirklich glücklich zu sein, muss man aber die Ziele lieben, denen man sich widmet. Es ist daher wichtig, sich die Frage zu stellen: »Was ist wirklich mein Traum, und was kann ich tun, um ihn zu erreichen?«, um auf diese Weise Verantwortung für das eigene Leben zu übernehmen. Jeder ist selbst dafür verantwortlich, die eigenen Träume zu realisieren. Tun Sie also nicht immer das, was von Ihnen erwartet wird – leben Sie Ihr Leben und genießen Sie es in jedem Augenblick. Aber vergessen Sie gleichzeitig nicht, auch Verantwortung zu übernehmen für das Leben anderer Menschen. Versuchen Sie, ein Leben aufzubauen, in dem Sie das tun, was Sie gut können, um damit Ihre eigene und die Lebensqualität anderer zu verbessern. Das ist etwas, das zu wahrem Glück führt (vgl. Bormans 2012).

Sich mit dem Vorhandenen zu begnügen, dankbar zu sein und das wertzuschätzen, was man hat, schenkt immer wieder tiefe Zufriedenheit, und die fühlt sich nach einiger Zeit kein bisschen nach Resignation an – sondern vielmehr nach großem Glück.

4 Resilienz – auch die betroffenen Kinder stärken

Autismus und Resilienz – passt das zusammen? Resiliente Personen zeigen flexible Anpassungsfähigkeit, können »entspannen und genießen, reflektieren und sind sozial kompetent. Weniger Resiliente sind unflexibler, Veränderungen beunruhigen sie, lösen Ängste und Stress aus. Sie neigen zu rigiden oder diffusen Reaktionen« (Leppert et al. 2013, 53). Und spätestens bei der Aufzählung der wesentlichen Resilienzfaktoren könnte man leicht mutlos verzweifeln, denn viele dieser offensichtlich relevanten Punkte sind für autistische Menschen besonders schwierig:

Häufig haben sie keine engen persönlichen Beziehungen, am ehesten oft noch zur Herkunftsfamilie, aber weitere Kontaktversuche scheitern immer wieder. Veränderungen und unvorhergesehene Ereignisse gehören zu den größten Herausforderungen in ihrem Leben. Und die angestrebte Lebenszufriedenheit scheitert immer wieder an den fehlenden Möglichkeiten, die eigenen Begabungen richtig einsetzen zu können, besonders dann, wenn das Umfeld nicht bereit ist, die bestehenden Auffälligkeiten dafür in Kauf zu nehmen, wie es leider in Schule, Beruf und Alltag immer noch viel zu oft geschieht.

Was also tun? Ist es für autistische Menschen wirklich völlig unmöglich, eine Resilienz zu entwickeln, die sie erfolgreich und vor allem glücklich auch durch schwierige Situationen ihres Lebens gehen lässt? Das wäre eine schlimme Vorstellung, nicht nur für die Betroffenen selbst, sondern auch für ihr soziales Umfeld und ganz besonders für ihre Mütter als die in der Regel wichtigsten Bezugspersonen.

Eigene Erfahrungen sind wichtig

Nun, ganz sicher ist das nicht der Fall, denn auch Menschen mit Autismus sind in der Lage, ein stabiles Selbstbewusstsein zu erlangen, das es ihnen ermöglicht, Krisen zu meistern. Wichtig dafür ist es jedoch, auch ihnen die Möglichkeit zu geben, eigene Erfahrungen zu machen, eigene Entscheidungen zu treffen und die Konsequenzen dieser Entscheidungen dann auch zu tragen. Sie müssen motiviert werden, eigene Wege zu gehen, auch wenn es vielleicht auf den ersten Blick nicht die richtigen Wege zu sein scheinen, sondern solche, die über vermeintlich unnötige Umwege führen.

Entscheidend sind Geduld und Ausdauer sowie die Zuversicht, ein Projekt auf längere Sicht erfolgreich beenden zu können, auch dann, wenn es zunächst vielleicht eher schlecht aussieht. Gerade kürzlich habe ich mir beispielsweise vorgenommen, den großen Kellerraum einer Neubauwohnung allein herzurichten. Ich wollte keine Hilfe, sondern ich brauchte das Gefühl, es schaffen zu können. Also begann ich damit, die Löcher auszuspachteln. In den Ecken bröckelte überall dort, wo ich arbeitete, der Putz, wurden riesige Löcher und Unebenheiten sichtbar. Es war erheblich mehr Arbeit, als ich zunächst gedacht hatte, und ich hatte das Gefühl, das könnte ich unmöglich alles schaffen. Dann aber gelang es mir, optimistisch zu denken und an meine Fähigkeiten zu glauben. Ich erlaubte mir kleinere Schritte als in meiner ursprünglichen Planung und sagte mir immer wieder, irgendwann würde ich die Arbeit beenden können. Schließlich hatte ich es geschafft, hatte die vorbereitenden Spachtelarbeiten ebenso wie das Grundieren und Streichen des Raumes abgeschlossen, und das war ein unglaubliches Glücksgefühl, das ich niemals erlebt hätte, wenn ich diesen Schritt nicht gewagt hätte.

Das Bedürfnis nach einem Gefühl der Kontrolle über das eigene Verhalten, nach Autonomie und Eigenverantwortung gehört für alle Menschen zu den dringlichsten Anliegen, um glücklich leben zu können. Und auch Emmy Werner ermittelte in ihren Studien, dass diejenigen Kinder von Kauai besonders widerstandsfähig wurden, die schon von klein auf Verantwortung übernehmen mussten (Werner 1992). Dies begünstigte offenbar die Entstehung von Selbstwirksamkeit und Ausdauervermögen, die Kinder hatten schon früh erlebt, dass sie mit ihrer Leistung etwas bewirken konnten, und sie wagten sich in der Folge auch an schwierigere Anforderungen heran. Die Erwartung, ein Problem lösen zu können, half ihnen dabei, die Situation tatsächlich zu meistern.

Es ist also wichtig, unterscheiden zu lernen, wann es sinnvoll ist, Hilfe anzubieten, wann andererseits aber ein eigenständiges Ausprobieren durch das Kind besser ist. Das braucht ein bisschen Übung und Erfahrung, um es weder zu über- noch zu unterfordern.

Liebevolle Zuwendung

Liebevolle Zuwendung von wohlwollenden Bezugspersonen hat gravierende und lebenslange Auswirkungen auf das psychische und körperliche Wohlbefinden. Das heißt aber nicht, dass man sich als Mutter deshalb rund um die Uhr auf die Erziehung konzentrieren muss und keine eigenen Interessen in Beruf, Partnerschaft und Privatleben zulassen darf. Langjährige Studien zeigen nämlich, dass Kinder, deren Mütter schon bald nach der Geburt wieder arbeiten gehen, nicht häufiger Verhaltensprobleme, Ängste oder psychosomatische Störungen entwickeln und nicht weniger fröhlich sind als Kinder von Vollzeit-Hausfrauen.

Entscheidend ist dagegen eine enge emotionale Bindung zu mindestens einer Vertrauensperson (Eltern, sonstige Verwandten, Lehrer etc.), die Sicherheit und Zuverlässigkeit vermittelt, die die Kinder gleichbleibend und vorhersehbar mit Fürsorge, Unterstützung, hohen (und erfüllbaren) Erwartungen und mit klaren (moralischen) Regeln versorgt (Bormans 2012, 185).

Die Schlüsselbedingung für eine gesunde persönliche Entwicklung ist ein Gefühl von Sicherheit und liebevoller Fürsorge – ein Bewusstsein dafür, dass ich akzeptiert werde, wie ich bin, mit allen guten und schlechten Eigenschaften, eine »bedingungslose positive Akzeptanz« also, wie es Rogers formulierte. Vermitteln Sie Ihren Kindern die Botschaft: »Ich vertraue dir, und ich bin für dich da, wo immer du bist und was immer du tust.« Gleichzeitig aber ist es für die Stabilität des Kindes auch wichtig, Grenzen zu setzen, es nicht alles tun zu lassen, was es tun möchte. Vertrauen, Wärme und Unterstützung, aber auch Kontrolle und klare Grenzen – all das ist wichtig für eine gesunde Entwicklung.

Aber selbst dann, wenn die Voraussetzungen in der Kindheit nicht so glücklich waren, besteht auch für Menschen mit Autismus die Möglichkeit, sich ein Leben lang weiterzuentwickeln.

Orientierung an Stärken und Fähigkeiten

In der Untersuchung auf Kauai änderte sich das Selbstbild der jungen Erwachsenen, die in der Schule dauernd Schwierigkeiten hatten, schlagartig zum Besseren, sobald sie einen Job bekamen, der ihnen Spaß machte, in dem sie ihre Stärken nutzen konnten und Anerkennung erhielten (Werner 1992). Dies lässt sich auch auf autistische Menschen übertragen. Sie sind oft depressiv und verzweifelt, weil es ihnen nicht gelingt, beruflich Fuß zu fassen. Und sie blühen regelrecht auf, wenn sie eine realistische Chance erhalten.

Man beginnt nun allmählich, die besondere Wahrnehmung autistischer Menschen mit den daraus resultierenden Ressourcen auch beruflich zu nutzen und den Betroffenen qualifizierte Tätigkeiten auf dem ersten Arbeitsmarkt anzubieten (Preißmann 2018).

Autistische Menschen selbst sollten künftig noch viel früher als bisher, also bereits in Schule und auch in Familie und Therapie, ermutigt werden, natürlich an ihren Schwierigkeiten zu arbeiten, um sich in manchen Bereichen verbessern zu können, sich daneben aber auch ganz gezielt mit ihren bestehenden Stärken und Fähigkeiten auseinanderzusetzen, um so möglichst frühzeitig die Weichen zu stellen für eine berufliche Orientierung, die ihre Wünsche und Voraussetzungen berücksichtigt und ihnen Lebensfreude beschert. Ein spezielles »Stärkentraining«, die gezielte Beschäftigung mit Resilienz und Ressourcen, könnten schon in frühen Jahren dazu beitragen. Notwendig ist dabei nicht nur das Erkennen der eigenen Möglichkeiten, man muss die Betroffenen vor allem auch dabei anleiten, die vorhandenen Ressourcen (s. Kapitel »Therapeutische Unterstützung«) vorteilhaft einzusetzen. Das kann z. B. so aussehen, dass man sich immer wieder ganz gezielt an die Tiefpunkte des eigenen Lebens erinnert – daran, dass und wie man sie überwunden hat. Längerfristig helfen diese Übungen dabei, zuversichtlicher zu werden und auf die eigenen Kräfte und Fähigkeiten zu vertrauen.

Therapeutische Unterstützung

Im Leben autistischer Menschen gibt es immer wieder Schwierigkeiten, bei denen sie von professioneller Hilfe profitieren, und auch in »ruhigen« Zeiten ist eine enge Begleitung meist sinnvoll. Dafür stehen spezialisierte Autismus-Therapiezentren, Psycho- oder Ergotherapeuten zur Verfügung, die mit ihren unterschiedlichen Methoden sehr zur Verbesserung von Selbstständigkeit, sozialer Kompetenz und Lebensqualität beitragen können, aber auch zu Gesundheit und Wohlbefinden der Bezugspersonen (u. a. Bekhet et al. 2012). Man fand heraus: Je besser ein Mensch mit Autismus die eigenen Schwierigkeiten im Griff hat, umso besser geht es insbesondere seiner Mutter (Ekas & Whitman 2010); massive Symptome sind dagegen ein Risikofaktor für deren soziale wie emotionale Situation. Das verdeutlicht, wie wichtig es auch vor diesem Hintergrund ist, autistischen Menschen in jedem Lebensalter eine effektive Unterstützung anzubieten.

Immer ist es dabei aber notwendig, zu unterscheiden zwischen den Besonderheiten, die für die eigene Person und das Umfeld akzeptabel sind, und den Einschränkungen, die eine Teilhabe oder auch ein glückliches Leben verhindern und die deshalb bearbeitet werden sollten. Ein Beispiel dafür kann das Thema Veränderungen sein. Autistische Menschen lieben Gleichförmigkeit, um Sicherheit zu haben. Aber zu viel Sicherheit macht eben auch unflexibel, was für viele Betroffene ein großes Problem ist. Es ist sinnvoll, mit kleinen Variationen zu beginnen, die anfangs zwar schwer sein mögen, schließlich aber doch oft toleriert werden können, und sich allmählich zu steigern. Es hilft einfach sehr, wenn man für den Ernstfall geistig beweglich genug ist, um beispielsweise einen anderen Weg zur Arbeit nehmen zu können oder Alternativen für das Abendessen zuzulassen.

Es gibt kein Verfahren, den Autismus verschwinden zu lassen, aber Menschen mit Autismus und ihre Angehörigen können Ressourcen entwickeln, um all ihre Möglichkeiten auszuschöpfen und so ein glückliches, möglichst selbstbestimmtes Leben zu führen. Das Erreichen einer »Normalität« ist dabei kein realistisches und kein wünschenswertes Ziel. Da alle Betroffenen sehr unterschiedlich sind und ganz individuelle Fähigkeiten, Schwierigkeiten, Wünsche und Ziele haben, muss die Behandlung verschiedene Therapiemethoden beinhalten, die sich in der Praxis bewährt haben (autismusspezifische / kognitive Verhaltenstherapie, Psychoedukation, praktische Unterstützung im Alltag etc.). Man spricht hier also von einem multimodalen Therapiemodell; in jedem Einzelfall wird ein individueller Behandlungsplan erstellt. Wichtig ist dabei eine »Netzwerkarbeit« mit allen Bezugspersonen (aus Kindergarten, Schule, Arbeitsstelle, Wohneinrichtungen etc.), um in enger Zusammenarbeit eine bestmögliche Betreuung der betroffenen Menschen sicherzustellen. Unbedingt müssen die Eltern einbezogen werden, die ja die eigentlichen »Experten« für ihr Kind sind und durch langjährige Erfahrung dessen Wünsche und Ziele am besten kennen und das Verhalten am besten einschätzen können. Es beruht auf Gegenseitigkeit: Eltern brauchen die Therapeuten und Therapeuten brauchen die Eltern.

Leider jedoch gibt es nach wie vor nur ein sehr spärlich ausgebildetes therapeutisches Angebot gerade für erwachsene Menschen mit Autismus: »Nur an wenigen Zentren wird spezifische Kompetenz vorgehalten. Meist werden betroffene Patienten (…) suboptimal behandelt« (Tebartz van Elst et al. 2014, 51). Es ist also wichtig, künftig in weit stärkerem Umfang geeignete und interessierte Therapeuten für die Arbeit mit autistischen Menschen zu motivieren, die in der Regel eine schöne und oft auch persönlich bereichernde Tätigkeit darstellt, und sie dafür zu qualifizieren.

Krisensituationen müssen vorrangig angegangen werden (z.B. Schlafprobleme, aggressives / autoaggressives Verhalten, extrovertierte Sexualität, ausgeprägte störende »Tics« etc.). Wichtig wäre es, dafür kurzfristig Möglichkeiten für eine Therapieaufnahme (dann im Sinne einer Krisenintervention) zu schaffen.

Insgesamt geht es bei einer Therapie nicht darum, den autistischen Menschen »salonfähig« zu machen, sondern es geht um »eine Erweiterung des Verhaltensrepertoires« (Remschmidt u. Kamp-Becker 2006). Dem Betroffenen sollen genau dort Kompetenzen vermittelt werden, wo er Schwierigkeiten hat und diese auch selbst erlebt. Auch das Akzeptieren der eigenen Person mit allen Stärken wie auch Schwierigkeiten gehört zu den Zielen der Therapie bei Menschen mit Autismus.

Entspannung

Menschen mit Autismus sind tagtäglich aufgrund von Missverständnissen, Wahrnehmungsbesonderheiten, Ängsten und Sorgen vielfältigem Stress ausgesetzt. Im Hinblick auf Hilfe und Unterstützung wünschen sie sich daher insbesondere eine effektive Anleitung zur Entspannung (Vogeley 2012, Preißmann 2007). Es ist wichtig, Methoden zu erlernen, die für die eigene Person passen (z. B. Preißmann 2018b). Eine Hilfe kann dabei auch das Erlernen von Achtsamkeit sein, das vielen Betroffenen sogar besonders leichtfällt, da es für sie einfach ist, im Hier und Jetzt zu leben und sich an schönen Kleinigkeiten zu erfreuen (Spek 2012). Bei dieser Entspannungsmethode wird geübt, die Konzentration auf den Augenblick zu lenken, die Umgebung möglichst genau zu beobachten, ohne Dinge, Menschen oder Situationen als gut oder schlecht einzuordnen. Auf diese Weise wird schließlich vieles Unangenehme weniger unangenehm, da das Achtsamkeitstraining dazu beiträgt, insgesamt weniger zu werten. Autistischen Menschen, die meist vollkommen vorurteilsfrei an eine Sache herangehen, kommt dieses Nicht-Bewerten als ein zentrales Element der Achtsamkeit in der Regel sehr entgegen.

Hilfreich sind auch die ganz eigenen persönlichen Interessen, die Entspannung und Erholung vor allem in schwierigen und anstrengenden Zeiten ermöglichen.

Und schließlich kann man Menschen mit Autismus durch Forschungsergebnisse auch ein bisschen beruhigen. Vermutlich sind nämlich Menschen, die empfindlich auf Stress reagieren, auch bereits im Kindesalter insgesamt empfänglicher als ihre weniger stressanfälligen Altersgenossen. Sie reagieren stärker auf Reize in ihrer Umgebung – auf positive genauso wie auf negative. Das bedeutet also auch: Wenn sie die Umwelteinflüsse für sich gewinnbringend nutzen, dann können sie davon deutlich stärker profitieren als die weniger gestressten Gleichaltrigen (Obradovic et al. 2010).

Soziale Kontakte fördern

Die Züricher Psychologin Ulrike Borst beschreibt Resilienz als die Fähigkeit, förderliche Beziehungen einzugehen und sich Unterstützung bei Personen oder Institutionen zu holen (Borst 2012). Und auch andere Experten betonen, dass es für Gesundheit, Glücksempfinden und Lebensfreude keinen wichtigeren Faktor gibt als das Vorhandensein guter Freunde. Menschen, die jede Woche ihre Freunde treffen, bewerten ihre Lebenszufriedenheit um etwa 15% höher als Einzelgänger. Daher liegt es auf der Hand, dass dies ein ganz zentrales Thema bei der Arbeit mit autistischen Menschen darstellen sollte, die gerade auf diesem Gebiet große Probleme haben. Die meisten von ihnen wünschen sich soziale Kontakte, vor allem aber möchten sie nicht ausgeschlossen sein.

Für viele andere Menschen ist es nicht schwer, Freunde oder andere Unterstützer zu finden, wenn sie stets gut gelaunt durch die Welt gehen und mit ihrem freundlichen, wachen und offenen Wesen, ihrer Geselligkeit und Aufgeschlossenheit die Zuwendung der anderen scheinbar mühelos auf sich ziehen. Das führt dazu, dass sie im Leben stärker werden. Wenn autistische Menschen das bemerken, sind sie oft besonders frustriert, denn diese ganz selbstverständliche Art der Kontaktaufnahme bleibt ihnen nicht selten verwehrt, sie wirken auf den ersten Blick verschlossen, abwesend, vielleicht auch abweisend und feindselig. Dass sie sich Kontakte zu anderen wünschen, kann man in der Regel erst bei genauerem Hinsehen erkennen. Die Unterstützung, die sie ganz besonders bräuchten, bleibt ihnen verwehrt.

Es macht also auch im Hinblick auf die Resilienz Sinn, ihnen zu helfen, die Kontaktfähigkeit zu verbessern. Oft ist es zunächst sinnvoll, dafür die bestehenden Hobbys zu nutzen. Wenn sie ein gemeinsames Thema haben, über das sie reden können und für das sich auch andere interessieren, können sich die Betroffenen häufig gut austauschen. Andernfalls ist es aber oft sehr schwer, passende Gesprächsinhalte zu finden.

Als sehr hilfreich und wichtig werden Selbsthilfegruppen für Menschen mit Autismus erlebt, wo sich die Betroffenen mit oder ohne Moderation zusammenfinden. Es ist sinnvoll, sich über Schwierigkeiten wie auch Ressourcen auszutauschen und von den Erfahrungen der anderen profitieren zu können. So können diese Gruppen auch eine wichtige therapeutische Funktion haben. Außerdem lassen sich hier auch Kontakte knüpfen, und der Umgang mit anderen Menschen kann geübt werden. Über Autismus Deutschland e.V. (www.autismus.de) und dessen Regionalverbände sowie über Aspies e.V. (www.aspies.de) sind Informationen über bestehende Selbsthilfeangebote erhältlich, daneben gibt es auch zahlreiche private lokale Initiativen.

Rahmenbedingungen anpassen, aber auch Grenzen erkennen und Ziele modifizieren

Die wohl wichtigste Maßnahme, die man für Menschen mit Autismus tun kann, besteht darin, die Rahmenbedingungen in allen Lebensbereichen möglichst gut an ihre Voraussetzungen und Bedürfnisse anzupassen. Es gilt also, mit ihnen gemeinsam klare Strukturen herzustellen, die sie nutzen können, um ihre Fähigkeiten gut einsetzen zu können, um sich zu orientieren und sich sicher zu fühlen. Dafür sind Offenheit und Information auf beiden Seiten notwendig – Information darüber, was genau für die eigene Person hilfreich ist, aber auf der anderen Seite eben auch eine frühzeitige Information über die geltenden Regeln und Bestimmungen im jeweiligen Kontext sowie mögliche Maßnahmen.

Je klarer die Regeln sind und je mehr man schon im Vorfeld über Personen und Situationen in Erfahrung bringen kann, desto einfacher und sicherer beherrschbar werden die Herausforderungen für Menschen mit Autismus in jedem Lebensalter, desto eher ist es ihnen möglich, Schwierigkeiten und Hindernisse zu bewältigen und ein glückliches Leben zu führen (vgl. Preißmann 2017). Verlässliche Strukturen, feste Abläufe, klare Regeln und Routinen, die Sicherheit geben, sind wohl die wichtigsten Hilfen in jedem Lebensalter.

Allerdings wird man immer wieder auch an Grenzen stoßen – nicht alles ist machbar, auch mit größter Anstrengung nicht. Das zu erkennen tut weh, und dann gilt es vor allem zu überlegen, wie die persönlichen Ziele so verändert werden können, dass sie nicht allzu sehr von den Möglichkeiten abweichen, was sonst zu dauernder Frustration führt. Auch Menschen mit Autismus müssen daher angeleitet werden, realistische Wünsche und Vorstellungen für ihr Leben zu definieren.

Zusammenfassung: Resilienz für Menschen mit Autismus

Ich weiß, was ich will, ich trage die Verantwortung für mein Leben. Ich weiß, dass ich vieles schaffen kann, wenn ich es nur versuche, denn ich habe auch bisher Schwierigkeiten bewältigt. Aber ich bin mir auch der Grenzen bewusst. Manches, was nicht möglich ist, tut weh, und wenn es zu schlimm wird, spreche ich darüber. Ich kenne meine Fähigkeiten und meine Schwierigkeiten und gestalte meinen beruflichen und privaten Alltag so, dass er möglichst gut zu mir passt. Ich möchte meine Interessen wahren, ohne dabei rücksichtslos zu sein. Es ist wichtig, Entscheidungen für mein Leben zu treffen, eigene Ziele und Wünsche zu definieren und zu verfolgen, die unterschiedlichen Lebensbereiche so zu planen, wie es für mich gut ist. Das fällt mir wie vielen anderen Betroffenen schwer. Dann ist es wichtig, einen Menschen um Rat fragen zu können.

5 Hilfe für Mütter von Menschen mit Autismus – therapeutische Unterstützung

Vielfältige Belastungen innerhalb der Familie, die sich zunehmend verändernde Rolle der Mutter in der Gesellschaft, einhergehend mit Erwartungen von allen Seiten, die eigene Berufstätigkeit und vielleicht gar die Pflege und Unterstützung der eigenen Eltern – Mütter stehen ohnehin schon unter einem sehr hohen Druck. Und dann ist da ja auch noch ein autistisches Kind. Eine Therapie kann dazu beitragen, wieder ein bisschen »Land zu sehen«, sie kann neue Wege aufzeigen, zu einem besseren Miteinander führen und dabei helfen, wieder Mut zu fassen und Kraft zu bekommen.

Anfangs kann es eine große Überwindung bedeuten, sich an einen Therapeuten zu wenden. Doch es lohnt sich, die Kraft und den Mut dafür zu mobilisieren, denn eine Psychotherapie kann eine enorme Hilfe darstellen. Zeit haben für sich und die eigenen Bedürfnisse, die Erfahrung von Wertschätzung und Verständnis und die Möglichkeit, Veränderungen zu planen – all das hilft oft sehr.

Die therapeutische Arbeit mit Müttern von Kindern mit Autismus umfasst ganz verschiedene Elemente. Um ihnen gut helfen zu können, ist es wichtig, sich zunächst die Anforderungen näher anzusehen, die ihnen begegnen und die gemeistert werden müssen. Da die besonderen Belastungsfaktoren ja nicht nur vorübergehend, sondern dauerhaft bestehen, ist eine langfristige Begleitung in vielen Fällen sinnvoll, manche Mütter können aber auch bereits von einer nur kurzen Intervention enorm profitieren.

Vielfältige Anforderungen an die betroffenen Mütter

Mutter ihrer Kinder – Veränderungen der Mutterrolle

In den letzten Jahren hat sich die Rolle von Müttern in den westlichen Industrienationen deutlich verändert. Während es früher selbstverständlich war, dass der Mann arbeiten ging, die Mutter aber zu Hause blieb, Kinder versorgte und den Haushalt erledigte, so hat sich dieses Bild deutlich gewandelt. Nun reicht es nicht mehr, sich um die Arbeit daheim zu kümmern, es kommt als zusätzliche Dimension die Notwendigkeit hinzu, sich auch als Frau schon von Beginn an um das berufliche Fortkommen zu bemühen.

Im Gegensatz zu früher stehen Frauen heute also mehrere Stunden täglich nicht für die Betreuung und Erziehung ihrer Kinder zur Verfügung, die deshalb anderweitig delegiert werden müssen. Dabei ist man sehr auf zuverlässige, wohlwollende und vor allem pädagogisch geschickte Menschen angewiesen, und wenn es Schwierigkeiten gibt, so ist es meist die Mutter, von der man erwartet, dass sie als Ansprechpartner da ist und sich kümmert.

Die Komplexität der zu bewältigenden Aufgaben wird durch die Geburt eines autistischen Kindes potenziert. So brauchen Mütter von Kindern mit Autismus ein ganz besonders gutes Organisationstalent. Immer tauchen neue Schwierigkeiten und Herausforderungen auf. Da ist stets die Frage, wie es gelingen kann, das betroffene Kind bestmöglich zu fördern, ein hohes Maß an Selbständigkeit zu erreichen, um es später auch halbwegs beruhigt seinen Weg gehen lassen zu können.

Und daneben gibt es ja manchmal auch noch Geschwisterkinder, die bei der Mutter oft ein schlechtes Gewissen auslösen, weil man sich eben Sorgen macht, ob man denn auch ihnen genug Zeit widmet und sie nicht zu häufig sich selbst überlässt. Es ist wichtig, den Geschwistern, sobald sie das verstehen können, zu vermitteln, dass man sie nicht weniger lieb hat, weil man mehr Zeit mit dem autistischen Kind verbringt, sondern dass man ihnen vieles schon allein zutraut, wobei das Geschwisterkind noch Unterstützung braucht. Eine Aufklärung der Geschwister über die Probleme ihres Bruders oder ihrer Schwester verhindert unnötige Sorgen und Ängste und hilft den anderen Kindern, sicher und kompetent mit dem betroffenen Kind umzugehen (z. B. Achilles 2007). Insgesamt aber ist es natürlich wichtig, genug Zeit für die gesamte Familie und auch für das Geschwisterkind allein einzuräumen.

Mütter als Co-Therapeuten?

Mütter sind dauernd auf der Suche nach neuen Informationen über Autismus, nach Förder- und Therapiemöglichkeiten und noch mehr Unterstützung. Die Therapien müssen überwacht und koordiniert werden, manches soll auch zu Hause im familiären Umfeld noch weiter geübt werden. Hier ist es wichtig, die Aufgabenteilung zu beachten. Mütter sind Mütter und eben keine Therapeuten. Verhaltenstherapeutische Maßnahmen (z. B. Belohnung für erwünschtes Verhalten) können im Alltag manchmal helfen, aber sie dürfen nicht das Leben bestimmen. Für die Therapie als solche sind andere Menschen zuständig.

Die Aufgabe der Mutter ist es dann, gemeinsam mit dem Kind geeignete Therapeuten auszuwählen, dort ggf. als »Dolmetscher« aufzutreten, das Kind also dabei zu unterstützen, die Auffälligkeiten aus dem Alltag, Kompetenzen wie Defizite, zu beschreiben und die eigenen Anliegen gut vorzutragen.

Partnerin und Ehefrau

Daneben sind beide Partner gefordert, an der partnerschaftlichen Beziehung zu arbeiten. Für vieles, was Männer früher selbstverständlich erwarten konnten (das fertige Abendessen, wenn sie von der Arbeit nach Hause kamen, die aufgeräumte Wohnung etc.), wird nun ihre Mitarbeit verlangt, was immer wieder zu Konflikten führen kann. Nun sind es nicht mehr nur die Männer, die nach Feierabend müde sind, nun geht es Frauen genauso. Die restliche Arbeit in Haushalt und Erziehung muss aufgeteilt werden, das erfordert immer wieder neue Absprachen, um gute Lösungen zu finden.

Es wird immer wichtiger, die wenige verbliebene gemeinsame Zeit, die der Familie zur Verfügung steht, sinnvoll zu nutzen. Dafür ist ein gutes Zeitmanagement nötig. Und es muss auch Raum für die Beziehung vorhanden sein. Immerhin hat man in Untersuchungen ermittelt, dass Mütter autistischer Kinder signifikant glücklicher waren, wenn sie in einer stabilen Partnerschaft lebten (s. o.). Wichtig ist also auch die Pflege der Beziehung. Viele Beziehungen zerbrechen an den unterschiedlichen Vorstellungen beider Partner hinsichtlich Erziehung, Therapie oder Lebenszielen des autistischen Kindes. Vor allem aber zerbrechen sie an der Realität. Man muss sich also rechtzeitig Hilfe (Beratung, Therapie, ganz praktische Unterstützung im Alltag etc.) holen, um die Lebenssituation für alle Beteiligten so zu gestalten, dass alle sich wohlfühlen und das Zusammensein genießen können.

Erzieherin

Kinder brauchen ihre Mutter in allen Lebenslagen und in allen Lebensfragen. Dabei ist es nicht so entscheidend, wie viel gemeinsame Zeit man miteinander verbringt, und es ist nicht wichtig, wie viel Geld monatlich zur Verfügung steht. Kinder verlangen nach Zuwendung und Fürsorge, die nichts kosten. Das hat sich über die Jahre hinweg nicht verändert: »Die Schlüsselbedingungen für eine gesunde persönliche Entwicklung sind ein Gefühl von Sicherheit und liebevoller Fürsorge – ein Bewusstsein dafür, dass ich akzeptiert werde, wie ich bin, mit allen guten und schlechten Eigenschaften« (Bormans 2012, 167).

Aber darüber hinaus wollen Mütter ihren Kindern einfach »gute Mütter« sein. Was das ganz persönlich bedeutet, definiert jede Frau ein bisschen anders. Vieles macht Angst. Angst, etwas falsch zu machen. Angst, dass etwas passiert. Manche nach langer Überlegung getroffene Entscheidung stellt sich im Nachhinein vielleicht als falsch heraus, aber mit dem damaligen Wissen schien sie die beste Lösung zu sein. Und das ist völlig in Ordnung. Jeder Mensch macht Fehler, und so sind auch Mütter nicht perfekt. Aber sie sind gut genug für ihre Kinder, und das reicht völlig aus.

Vielfältige andere Aufgaben

Lehrerin, Ärztin, Therapeutin, Köchin, Hauswirtschafterin, Managerin, Heimwerkerin, Friseurin – die Liste der Aufgaben von Müttern autistischer Kinder ließe sich beliebig fortsetzen. Auch bei anderen Kindern müssen Hausaufgaben überwacht, Wäsche gewaschen und gekocht werden, aber Menschen mit Autismus brauchen die vielfältigen Fähigkeiten ihrer Mütter in weit größerem Umfang und über längere Zeit. Manches, was für andere Kinder kein Problem darstellt (etwa ein Friseurbesuch), ist mit einem autistischen Kind nicht zu realisieren. Dann muss man umdenken, improvisieren – und eben vieles selbst machen. Das fordert enorm. Aber es fordert auch heraus. Aus einiger Entfernung darf man nach getaner Arbeit durchaus auch einmal ein bisschen stolz auf das schauen, was man geleistet und irgendwie geschafft hat und was man sich vorher vielleicht nie zugetraut hätte. Vieles ist schwer und macht große Sorgen, manches erscheint gar unmöglich, und während andere Mütter sich nie daran versuchen, werden Mütter von Kindern mit Autismus nicht selten Expertinnen in einigen dieser Fähigkeiten. Und das darf sie auch zukünftig in die Lage versetzen, nicht aufzugeben, weil man ja merkt, dass man es schaffen kann. Genau das bedeutet Resilienz.

Komponenten der therapeutischen Behandlung

Durch die Interventionen im Hinblick auf die Bezugspersonen sollen die Beziehung zu dem autistischen Kind und zu anderen Familienmitgliedern, aber auch der Umgang mit sich selbst und die eigene Lebensqualität verbessert werden. Die Maßnahmen, Strategien und Ziele lassen sich dabei wie folgt beschreiben:

- Vermittlung von Verständnis, Wertschätzung und Respekt
- Informationen geben über Autismus (Psychoedukation)
- Hilfe beim Verstehen autistischer Verhaltensweisen und Anleitung zur hilfreichen Intervention

- Begleitung der betroffenen Mütter beim Entwickeln realer/realistischer Perspektiven: sowohl Potential als auch Grenzen erkennen; eigene Bedürfnisse wahrnehmen
- Stärkung der Beziehungsfähigkeit, Verbesserung des Zusammenhaltes innerhalb der Familie
- Würdigung der Einschränkungen und Entbehrungen
- Blick auf Ressourcen
- Hilfe zur Selbsthilfe.

Vermittlung von Verständnis, Wertschätzung und Respekt

Viele Mütter von Kindern mit Autismus merken schon früh, dass irgendetwas nicht stimmt. Das Kind entwickelt sich anders als die älteren Geschwister, es hat keine Freude an mütterlicher Zuwendung, es hält keinen Blickkontakt, ja, es scheint allein manchmal zufriedener als in Gesellschaft der Eltern. Das zu erkennen tut weh, und es macht auch Angst. Was ist los mit meinem Kind? Mache ich Fehler im Umgang mit ihm? Was kann ich tun, damit es glücklicher und zufriedener wirkt?

Teilt eine betroffene Mutter ihre Beobachtungen und ihre Sorgen dem Kinderarzt oder einer anderen Fachperson mit, dann muss sie nicht selten die Erfahrung machen, dass man ihre Nöte nicht ernst zu nehmen scheint. Das ist meist ganz besonders belastend, denn sie hat einen großen Leidensdruck, macht sich viele Sorgen und erfährt oft von allen Seiten Vorwürfe. Beschwichtigende oder abwehrende Beruhigungen, die sicher in der Regel gut gemeint sind, führen dann nicht nur zu großer Verunsicherung, sondern machen die Situation noch schlimmer, als sie ohnehin schon ist.

Auch bei den Erfahrungsberichten der betroffenen Mütter in diesem Buch fällt auf, welch große Bedeutung es spielte, zur richtigen Zeit die richtige Person getroffen zu haben, die ihnen nicht mit immer neuen Beruhigungsversuchen oder aber mit Vorwürfen begegnete, sondern die sich auf die ganz eigene Lebensrealität der jeweiligen Mutter einlassen konnte und mit der es möglich war, die bestehenden Sorgen zu besprechen. Mütter sind ja die wahren Experten für ihre Kinder.

Durch ein jahrelanges Miteinander kann vieles auch intuitiv richtig eingeschätzt werden. Die Erfahrungen von Müttern autistischer Kinder sind deshalb unverzichtbar für alle, die mit dem Kind zu tun haben.

Es ist wichtig, der betroffenen Mutter beizustehen, ihre Sorgen und ihre Verunsicherung ernst zu nehmen, gemeinsam nach Hilfsmöglichkeiten zu suchen und ihr zu vermitteln, dass sie nicht durch irgendwelche Fehler zum Autismus ihres Kindes beigetragen hat. Aufklärung und Information sind oft entlastend und auch ermutigend. Denn obwohl Mütter keine Schuld trifft an den Schwierigkeiten des Kindes, können sie doch entscheidend dazu beitragen, dass die Entwicklung voranschreitet.

Psychoedukation: Informationen geben über Autismus – Stärken und Schwierigkeiten

Es ist wichtig, nicht nur mit den betroffenen Menschen, sondern auch mit deren Müttern im Sinne einer Psychoedukation zu arbeiten, sie also möglichst umfassend zu informieren und aufzuklären. Das ist aus ganz unterschiedlichen Gründen sinnvoll: Manche Mütter haben ein Kind, das bereits seit der Kindheit unter Schwierigkeiten gelitten hat, die jahrelang niemand richtig einordnen konnte und die erst allmählich, manchmal durch Recherchen im Internet, einen Sinn ergeben. Oft sind diese Mütter sehr gut informiert, aber eine selbst initiierte Recherche birgt natürlich immer auch die Gefahr von Fehlinformationen. Andere Mütter haben nur geringe oder noch gar keine Informationen erhalten, und bei denen, deren Kind schon vor vielen Jahren diagnostiziert worden ist, sind oft veraltete Informationen vorhanden. Es ist also wichtig, die betroffenen Angehörigen auf den aktuellen Kenntnisstand zu bringen. Daher sollte man Informationen geben über den Autismus allgemein, über die Ressourcen und Schwierigkeiten von Menschen mit Autismus, darüber, wie man die Schwierigkeiten angehen und die Stärken gezielt nutzen kann, wie man also gut mit dem Autismus umgehen kann, und wo für den Bedarfsfall in den unterschiedlichsten Lebenssituationen Hilfe und Unterstützung erhältlich sind.

An Ressourcen der betroffenen Menschen, aus denen sich manchmal aber eben auch die ganz spezifischen Probleme ergeben, sind z. B. zu nennen: Ehrlichkeit, Zuverlässigkeit, Genauigkeit, Gutmütigkeit und Hilfsbereitschaft, Orientierung an Fakten und an Details, Ausdauer bei monotonen Tätigkeiten usw.

Verstehen autistischer Verhaltensweisen und Anleitung zur hilfreichen Intervention

Verhaltensweisen, die mitunter nicht leicht einzuordnen sind, müssen erklärt werden, um sie wertfrei verstehen zu können. Dafür ist es hilfreich, wenn man die Auffälligkeiten besprechen kann und so schließlich in vielen Fällen zu der Erkenntnis gelangt, dass nicht Provokation, sondern Angst, Unsicherheit, Frustration, Trauer, Depressivität oder vieles andere mehr dahinter steckt. Aufklärung ermöglicht also erst ein umfassendes Verständnis des eigenen Kindes. Besonders hilfreich kann es sein, sich hierüber zusätzlich auch mit anderen betroffenen Müttern auszutauschen.

Mütter von Menschen mit Autismus können auch viel dazu beitragen, die bestehenden Auffälligkeiten positiv zu beeinflussen. Dafür ist das Wissen notwendig, was in solchen Momenten hilfreich sein kann.

So haben autistische Menschen meist große Probleme mit Emotionen. Sie können die Gefühle ihres Gegenübers nur schlecht erkennen, es fällt ihnen aber auch schwer, das eigene emotionale Befinden einzuordnen und auszudrücken. Dabei kann man ihnen sehr helfen, indem man geduldig und kontinuierlich das eigene Befinden mitteilt, damit sie erfahren, was andere Menschen in verschiedenen Momenten denken und fühlen. Man sollte ihnen aber auch Auswahlmöglichkeiten bieten, um ihre eigenen Gefühle zu beschreiben, sodass sie allmählich sicherer werden im Umgang damit. Das kann in einer Therapie geschehen, das können (mit ein bisschen Anleitung) aber auch Mütter leisten: »Beim Analysieren der aufgetretenen Alltagsprobleme fällt es mir jeweils sehr schwer, meine Gedanken und Gefühle in diesen Situationen verbal auszudrücken, aber ich finde es gut, dass (meine Therapeutin) mich immer wieder einmal danach fragt. Wenn ich nicht weiterweiß, hilft sie mir mit einer Aufzählung der vorstellbaren Möglichkeiten, wie man sich in solchen Momenten fühlen und was man denken könnte, damit ich darunter auswählen kann.« (Preißmann 2018, 43).

Auf ähnliche Weise kann es hilfreich sein, die körperlichen Empfindungen, die der betroffene Mensch selbst nicht einordnen kann, zu beschreiben, etwa bei einem knurrenden Magen: »Ich glaube, du hast Hunger«, nach einer ausreichenden Mahlzeit: »Sicher bist du jetzt satt.« Viele autistische Menschen sind dankbar für eine solche Hilfe, vielen fällt es schwer zu erkennen, wann sie hungrig, satt, müde oder erschöpft sind, weil sich solche Zustände für sie manchmal ähnlich anfühlen. Auch kann man ihnen ganz gezielt erläutern, welche Nahrungsmenge in welchem zeitlichen Abstand ungefähr nötig ist.

Herausforderndes und befremdlich wirkendes Verhalten des Kindes ruft natürlich immer wieder auch entsprechend negative Reaktionen der Umgebung, auch der Mutter, hervor. Auf diese Weise entsteht oft ein Teufelskreis, denn wenn die Mutter wütend reagiert, fühlt sich der betroffene Mensch oft falsch verstanden oder nicht ernst genommen und gerät darüber nicht selten in Rage, was die Rückmeldungen noch weiter verschlimmert. Auch hier kann ein Therapeut helfen, indem er beidseitig ungünstiges Verhalten zu analysieren hilft, Vorschläge macht für Veränderungen und so dazu beitragen kann, gegenseitige ungewollte Verletzungen zu vermeiden und das Miteinander zu verbessern.

Stärkung der Beziehungsfähigkeit, Verbesserung des Zusammenhaltes innerhalb der Familie

Die Erforschung der Lebensqualität von Menschen mit Behinderungen und ihrer Familien hat immer mehr die Lebensqualität der Kernfamilie als Ganzes im Blick, während man sich früher eher auf die Lebensqualität der einzelnen Familienmitglieder konzentrierte. Aus diesem anderen Blickwinkel werden sich auch Veränderungen für die Behindertenpolitik ergeben. Wenn ein Mitglied einer Familie eine Behinderung hat, kommt es oft zu einer Konzentration auf den Menschen mit der Behinderung. Alle anderen Familienmitglieder kommen leicht zu kurz, ihre Bedürfnisse werden auch von Unterstützungsangeboten nicht ausreichend beachtet.

Das kann sehr unglückliche Folgen haben für das Funktionieren der Familie, deshalb ist es wichtig, die Lebensqualität innerhalb der Familiengemeinschaft zu untersuchen. Aus diesen Ergebnissen wird man dann Wege zur Verbesserung der familiären Lebensqualität entwickeln können. Das könnte so aussehen, dass man allen Mitgliedern der Familie Hilfe und Unterstützung anbietet und nicht nur der betroffenen Person.

Auch therapeutisch ergibt sich immer wieder die Notwendigkeit, zweigleisig zu arbeiten, einerseits also der betroffenen Mutter, die um Unterstützung bittet, Hilfe und Beistand zu bieten, auf der anderen Seite aber auch die Familie als Ganzes im Blick zu haben, insbesondere die Beziehungen der Familienmitglieder untereinander. Zahlreiche psychosoziale Belastungsfaktoren können die Fähigkeit beeinträchtigen, angemessen, wertschätzend und wohlwollend miteinander umzugehen. Eine »Sicht von außen« kann sehr dabei helfen, die innerfamiliären Beziehungen zu verbessern und den Zusammenhalt zu stärken.

Würdigung der Einschränkungen und Entbehrungen, Blick auf die Ressourcen

Es ist wichtig, die ganz persönlichen Einschränkungen und Entbehrungen der betroffenen Mütter zu würdigen, sich daneben aber auch an Stärken und Ressourcen zu orientieren und für die Zukunft Mut zu machen.

Eine zentrale Besonderheit in der Alltagsgestaltung stellt bei Müttern von Kindern mit Autismus der meist beträchtliche zeitliche (und auch finanzielle!) Mehraufwand für die Versorgung, Betreuung und Förderung des Kindes dar. Dies ist oft verbunden mit persönlichen Einschränkungen z. B. hinsichtlich der eigenen Berufstätigkeit, des Freiraums für Erholung und persönliche Interessen und der Veränderung eigener sozialer Beziehungen. Einmal kann der Zeitfaktor das Aufrechterhalten bestehender und den Aufbau neuer Kontakte erschweren, die »ethische Neubewertung der eigenen Lebensumstände (hat) häufig aber auch eine qualitative Veränderung sozialer Beziehungen zur Folge. Die Akzeptanz und Wertschätzung des behinderten Kindes sowie der besonderen familiären Situation wird vielfach zu einem zentralen Kriterium für die Aufrechterhaltung bestehender Kontakte. Das bewusste Abwenden von Bekannten, die nur wenig Verständnis für das behinderte Kind und die mit ihm verbundenen Auswirkungen auf das Familienleben zeigen, sowie die verstärkte Kontaktaufnahme zu ähnlich betroffenen Eltern stellen zwei mögliche Prozesse der Gestaltung sozialer Beziehungen dar, die bei zahlreichen Eltern zu beobachten sind.« (Eckert 2007, 45) Die Eltern können in diesen veränderten Voraussetzungen durchaus ihr Glück finden, aber es ist wichtig, den manchmal nahezu vollständigen Verlust des eigenen Lebens zu thematisieren und hier auch immer wieder »Trauerarbeit« zu leisten. Die meisten betroffenen Mütter arrangieren sich schließlich mit ihrer Situation; vorgestellt hatten sie sich das Leben aber zweifellos anders, leichter irgendwie, ohne die permanenten Kämpfe um notwendige Therapien, ohne das dauernde Gefühl, die eigenen Belastungsgrenzen zu überschreiten, ohne pausenloses schlechtes Gewissen, weil die anderen Familienmitglieder möglicherweise zu kurz kommen.

Auch die Beziehung zu ihrem autistischen Kind hatten sie sich sicher anders vorgestellt. Eltern freuen sich in der Regel über Kinder, die man gern »herzeigt«, auf die man stolz sein kann. Gerade Mütter erleben häufig Ablehnung und Verachtung, wenn dies auf den ersten Blick scheinbar nicht der Fall ist, sie werden konfrontiert mit Vorwürfen, Fehler gemacht zu haben bei der Erziehung. Gleichzeitig müssen sie sich verabschieden von ihrem Wunsch nach der Familie, die in ihren Idealvorstellungen existierte, aber dafür braucht es Alternativen, nämlich reale und realistische Ideen, wie das Leben auch unter den bestehenden Möglichkeiten so gestaltet werden kann, dass es ein gutes Leben wird. Eine Anleitung dazu, die bestehenden Ressourcen dafür voll auszuschöpfen, ist sinnvoll.

Diese Fokussierung auf Ressourcen und Kompetenzen war in Medizin, Psychologie und Psychotherapie lange Zeit keine Selbstverständlichkeit. Die Konzepte zielten vielmehr auf die Pathologie, defizitorientierte Diagnostik und ätiologische Modelle der Störungsbilder ab, darauf, die negativen Dinge im Leben zu verbessern, statt ganz gezielt Positives aufzubauen. Inzwischen aber ist eine gute Psychotherapie ohne Bezug zu den bestehenden Ressourcen kaum mehr denkbar, da man die Ressourcenaktivierung als einen ganz wesentlichen Wirkfaktor für psychotherapeutische Veränderungen erkannt hat (u. a. Walter 2014, Frank 2013).

Zunächst muss man dafür definieren, was mit »Ressourcen« eigentlich gemeint ist, denn manches davon mag so selbstverständlich erscheinen, dass man gar nicht auf die Idee kommt, dies als Hilfe zu nutzen. Es kann sich also um ganz unterschiedliche Bereiche handeln (vgl. Schiepek u. Matschi 2013, Sack u. Gromes 2013):

- Handlungs- und intellektuelle Kompetenzen, konstruktive Tätigkeiten aller Art, (berufliche) Fähigkeiten und Fertigkeiten, angeboren oder erworben; etwa die Fähigkeit, eigene Emotionen und Bedürfnisse wahrzunehmen, Affekte, Impulse und Beziehungen zu regeln und zu gestalten, sich an neue Umweltbedingungen anzupassen und kreative Lösungen für Probleme zu finden, aber auch die Fähigkeit, sich Hilfe zu holen, wenn es allein zu schwer wird
- Unterstützung im persönlichen Umfeld, z. B. durch Partner, Familienangehörige, Freunde oder andere Bezugspersonen, die als hilfreich und wohlwollend erlebt werden
- soziale Bezüge und Zugehörigkeiten
- materielle Ressourcen, z. B. eigenes Einkommen oder sonstige finanzielle Mittel
- Hilfssysteme wie medizinische und psychosoziale Versorgung
- Ideelles wie Ideen, Visionen oder Erinnerungen
- Spiritualität und Religion, die Sinn und Hoffnung auch in schwierigen Lebenssituationen erlebbar machen
- etc.

Nachdem eine Liste mit den zur Verfügung stehenden Ressourcen erstellt wurde, kann man gezielt mit der betroffenen Mutter überlegen, welche dieser Punkte in welcher Situation genutzt werden können. Das ist in jedem Einzelfall unterschiedlich und braucht deshalb eine individuelle Planung.

Begleitung der betroffenen Mütter: realistische Perspektiven entwickeln, auch eigene Bedürfnisse erkennen und für sich sorgen

Die Sorge um die Zukunft des eigenen Kindes stellt einen ganz zentralen Belastungsfaktor für die Eltern von Menschen mit Behinderungen dar (Klauss 1999). Wichtig ist daher die Begleitung und Unterstützung der betroffenen Mütter von Beginn an, um sie zu entlasten, bestehende Möglichkeiten aufzuzeigen und gemeinsam realistische Lebensperspektiven zu entwickeln. Vieles, was unmöglich erscheint, ist machbar, wenn man es richtig angeht und die passende Unterstützung erhält.

Allein ist es oft schwer, die für sich richtigen Wege zu finden. Trauen Sie sich deshalb, sich dafür Hilfe auch bei einem Therapeuten zu holen! Die meisten Therapeuten sind durch die Vielzahl unterschiedlicher Lebensentwürfe, die ihnen tagtäglich begegnen, Spezialisten für eine sinnvolle Perspektivenplanung. Und sie können dabei helfen, durch spezielle Strategien den Blickwinkel ein bisschen zu verändern. Manchmal steht ein Mensch nämlich so dicht vor einem Problem, dass er nur einen »hohen Berg« mit negativen Details sieht. Durch Distanz und Abstand oder durch einen Wechsel des Standortes kann ein Berg »zurechtgerückt« und durch die neue Perspektive dann auch viel kleiner wirken, nämlich so, dass es möglich scheint, Schritt für Schritt die Anforderungen zu bewältigen. Das kann die Psychotherapie leisten. Der Betroffene wird gelassener und lernt, auch die positiven Seiten zu sehen und manche Situationen umzudeuten.

Man untersuchte, wann Mütter die höchste Zufriedenheit und das größte Wohlbefinden verspüren, und das ist immer dann der Fall, wenn sie das Leben führen können, das sie sich wünschen, wenn die ausgeübte Rolle also möglichst gut den eigenen Vorstellungen und Fähigkeiten entspricht (Kulick 2013) und wenn sie in ihrem Engagement einen Sinn sehen (Frank 2013).

Es ist wichtig, Verantwortung für das eigene Leben zu übernehmen. Jeder ist selbst dafür verantwortlich, die eigenen Wünsche und Träume zu realisieren. Glückliche Menschen planen und organisieren, haben Ziele und eine Absicht. Aber sie suchen sich auch realistische Möglichkeiten aus und wünschen sich das, was sie auch bekommen können.

Notwendig ist die Achtsamkeit auch für die eigenen Bedürfnisse, die Fähigkeit, sich immer wieder ganz gezielt Freiräume zu schaffen und aktiv zu werden, um die eigene körperliche wie psychische Gesundheit zu erhalten. Eine totale Aufopferung ist dagegen völlig falsch. Die Elternschaft ist ja nicht ›kündbar‹, und das bedeutet, dass man auch die Ressourcen für diese lebenslange Aufgabe pflegen muss. Auch das ist Resilienz: Sie »umfasst nicht nur die Fähigkeit, die widrigen Erfahrungen abprallen zu lassen, sondern auch die Fähigkeit, auf die Ressourcen zuzusteuern, die das allgemeine Wohlbefinden verstärken« (Sools u. Mooren 2013, 63).

Es ist daher unerlässlich, ganz gezielt den Blick auf das Positive zu lenken, die »Kraftquellen« des eigenen Lebens zu erkennen, um immer wieder einmal darauf zurückgreifen zu können.

Überlegen Sie, was das für Sie bedeutet: Wann geht es Ihnen gut, in welchen Momenten und Situationen erleben Sie sich als kraftvoll und stark? Welche Gedanken kommen Ihnen bei der Erinnerung daran?

Auch die gezielte Ablenkung mit etwas Schönem ist eine sehr wirkungsvolle Strategie, wenn man Stress oder unangenehmen Momenten entfliehen möchte. Das heißt nicht, dass man sich den Herausforderungen nicht stellen sollte, sondern man richtet für einen Moment die Konzentration auf etwas Positives, etwas, das Spaß macht und wieder neue Kraft gibt.

Hilfe zur Selbsthilfe

Müttern autistischer Kinder ist zusätzlich zur therapeutischen Unterstützung auch die Teilnahme an einer Selbsthilfegruppe zu empfehlen, wo sie sich mit anderen betroffenen Eltern austauschen können. Auch kann man sehr von den Erfahrungen der anderen Eltern profitieren, denn viele von ihnen haben bereits in früheren Jahren Erleichterungen eingefordert und Verbesserungen erzielt, die sie sich manchmal gar nicht vorstellen konnten.

Forschungen und Überlegungen zum Themenkomplex »Familie mit einem autistischen Kind« sind ohne eine Berücksichtigung der Innenperspektive der Familien kaum denkbar. Nicht ohne Grund nehmen die Erfahrungsberichte der Mütter in diesem Buch breiten Raum ein, denn es ist wichtig, sie mit ihren Anliegen, Wünschen und Bedürfnissen, aber auch mit ihren wertvollen Vorschlägen und Empfehlungen zu Wort kommen zu lassen. Eine spezielle Selbsthilfegruppe für Mütter von Menschen mit Autismus kann sehr hilfreich sein, um sich speziell mit »Gleichgesinnten« austauschen zu können.

Insgesamt ist die Selbsthilfearbeit im Bereich Autismus ohne das Engagement der betroffenen Eltern nicht denkbar, und vieles, was wir heute an Wissen und Unterstützung haben, verdanken wir ihnen: den mutigen und kämpferischen Menschen, die sich vor mehreren Jahrzehnten zu Verbänden zusammengeschlossen haben, um für sich und ihre Kinder, aber auch für uns nachfolgende Generationen Möglichkeiten zu erarbeiten und Hilfen einzufordern. Ihnen sei an dieser Stelle ganz herzlich für all ihre Mühe gedankt.

Im folgenden Kapitel kommen zwei Kolleginnen zu Wort, die im Rahmen des »AWO-Instituts für ambulante systemische Lösungen« in Braunschweig Mütter von autistischen Kindern mit ihrer Fachkenntnis und auch ganz praktisch unterstützen. Es wäre wünschenswert, wenn dieses Beispiel Schule machen würde.

6 AWO-Institut für ambulante systemische Lösungen in Braunschweig: Wie können wir Müttern von Kindern mit Autismus helfen?

Cornelia Wittig, Dorothea Fischer*

Entstehungsgeschichte

Im Jahr 2006 wurde in Braunschweig eine Arbeitsgruppe durch den Leiter des Allgemeinen Sozialen Dienstes des Jugendamtes zur Beschulung von Schülerinnen und Schülern mit seelischer Behinderung einberufen. Es war in der jüngeren Vergangenheit zu Verfahren vor dem Verwaltungsgericht Braunschweig gekommen, die im Ergebnis die Kommune zur Leistungserfüllung im schulischen Kontext verpflichtet hatten. Es stellte sich aus Sicht der kommunalen Jugendhilfe die Frage nach der Beschulung dieser Schülergruppe. Schulen gerieten häufig an ihre fachlichen Grenzen, und die Lösungen schienen in der Bereitstellung von Schulbegleitern zu liegen (deren Finanzierung dem zuständigen Jugendamt der Kommune obliegt, im Fall der seelischen Behinderung gemäß SGB VIII § 35a) sowie in der Finanzierung von Privatschulangeboten. Es stellte sich die Frage, ob es möglich wäre, Veränderungen herbeizuführen durch die unterstützende Arbeit

---

* Dorothea Fischer ist Diplom-Psychologin, u. a. Systemische Einzel-, Paar- und Familientherapeutin SG, Systemische Kinder- u. Jugendlichentherapeutin SG und Mediatorin.
Cornelia Wittig ist Diplom-Psychologin und Lehrerin mit Zusatzqualifikationen in den Bereichen Systemische Beratung, Systemische Organisationsberatung und Psychiatrische Störungsbilder. Sie ist die Leiterin des AWO-Instituts für ambulante systemische Lösungen in Braunschweig.

im System für das Kind als eine Alternative zur kompensatorischen Arbeit mit dem Kind. Das Ziel bestand – und besteht – in der wohnortnahen Beschulung der Kinder in ihrem sozialen Umfeld in der zuständigen Schule und in der Unterstützung des Elternhauses. Die bisherige Beschulungspraxis war vorrangig gekennzeichnet durch elterliches Engagement, zufällige Informiertheit oder juristische Einzelfälle. Klar nachvollziehbare Strukturen für alle am Fall Beteiligten (Eltern, Schulleitungen, Lehrer, Jugendhilfeeinrichtungen, Ärzte, Therapeuten u. a.) waren nicht vorhanden. Es schien daher geboten, Strukturen zu schaffen, in denen vorhandene Kompetenzen gebündelt und strukturiert für die förderliche Entwicklung der Kinder genutzt werden können. Die Koordinatoren brauchen neben Fachkompetenz im Bereich des Störungsbildes örtliche Kenntnisse über allgemeine Schulen, hohe Kommunikationskompetenz und Wissen über Prozessgestaltung. In jedem Einzelfall muss ein Verfahren zur Eingliederung der Schülerin / des Schülers in die Lebenswelt mit allen Beteiligten erarbeitet werden mit dem Fokus auf die Ressourcen des Systems.

Haltung der MitarbeiterInnen des AWO-Instituts für ambulante systemische Lösungen

Salutogenese und Kohärenz

Das Grundprinzip der Salutogenese (Gesundheitsentstehung) ist es, Gesundheit nicht als Zustand, sondern als Prozess zu verstehen. Die Faktoren und dynamischen Wechselwirkungen, die zur Entstehung und Erhaltung von Gesundheit beitragen, stehen im Mittelpunkt dieses Rahmenkonzeptes. Salutogenese beinhaltet die »Schatzsuche« nach Ressourcen im Unterschied zur »Fehlersuche« der vorherrschenden pathologisch orientierten Denkrichtung in Medizin und Pädagogik.

Den MitarbeiterInnen des AWO-Instituts für ambulante systemische Lösungen liegt viel daran, die Kernelemente Harmonie, Lebensfreude und Zufriedenheit aufrechtzuerhalten, wiederherzustellen und zu steigern. Salutogenese heißt außerdem, kreative und ermutigende Begleitung zu ermöglichen, um eigene Wege und Möglichkeiten suchen und finden zu können. Gemeinsam findet man einen kommunikativen Zugang zueinander, so ungewöhnlich er auch sein mag. Als nicht autistischer Begleiter sollte man neugierig sein und sich einlassen können auf die Kompetenzen und Interessen des Menschen mit Autismus.

Es gilt, in jeder Hinsicht, im Individuum wie auch im System, Kohärenz herzustellen, die auf den Prinzipien der Verstehbarkeit, der Machbarkeit und der Sinnhaftigkeit beruht.

Netzwerkarbeit

Im Rahmen der Diskussion um Inklusion und den Erfahrungen aus der Praxis zeigt sich, dass sowohl die Beschulung an den allgemeinbildenden Schulen als auch eine Stärkung der Familiensysteme in Bezug auf die gemeinsame Bewältigung der besonderen Anforderungen an alle Beteiligten gelingen kann, wenn begleitend im Netzwerk (Familie, Schule, Jugendhilfe, ärztlich-therapeutisches System) an gemeinsamen Zielen gearbeitet wird. Die Erbringung der Hilfen durch verschiedene Leistungsträger erfolgt nur in den wenigsten Kommunen koordiniert. Absprachen finden nur auf informeller Basis statt und sind nicht bindend. Dadurch kann sich die Situation ergeben, dass die Leistungserbringer in demselben Fall in verschiedene Richtungen arbeiten. In einem Fall bestand das Netzwerk aus 14 (!!!) Erwachsenen, die alle mit dem Kind arbeiteten (Eltern, Schule, Tagesgruppe, Ergotherapeut, Logopädin, Autismusambulanz). Im Rahmen unserer Arbeit ist es daher erforderlich, die interdisziplinär zusammengesetzten Teams immer wieder zu Netzwerkgesprächen einzuladen, um gemeinsam mit allen Beteiligten die Wirksamkeit der festgelegten Maßnahmen zu überprüfen und ggf. anzupassen.

Systemische Grundhaltung

Ein weiterer Arbeitsansatz der MitarbeiterInnen des AWO-Instituts ist eine systemische Grundhaltung. Die systemische Sichtweise hat das ganze System (z. B. Familie, Organisation) im Blick, nicht den einzelnen »Symptomträger«, an dem sich ein Problem festmacht. Die betroffenen Familien kommen oft an ihre Grenzen und erleben Überforderung. Häufig stecken sie in einem Problemkreislauf von Erwartungshaltungen aufgrund des Verhaltens ihres Kindes (Schule, Behörden, Ärzte etc.), und die Sicht ist verengt. Hier gilt es, intuitives und ermutigendes Elternverhalten wieder zu entdecken, zu fördern, zu stärken und die Sicht und die Handlungskompetenz zu erweitern. Nicht der Autismus als solcher, sondern das Kind und seine Familie stehen für uns im Fokus.

Inklusive Haltung

Auszug aus der UN-Konvention: »Im Dezember 2006 hat die Generalversammlung der Vereinten Nationen (UN) das Übereinkommen über die Rechte von Menschen mit Behinderung verabschiedet. Ziel der UN-Konvention ist es, ihnen die Teilhabe an allen gesellschaftlichen Prozessen zu garantieren. Dieses Menschenrecht in den Alltag umzusetzen, ist nun Aufgabe der UN-Mitgliedsstaaten.« In Deutschland ist die Vereinbarung im März 2009 in Kraft getreten.

Die MitarbeiterInnen des AWO-Instituts haben eine inklusive Haltung und sehen Inklusion als eine Vision und einen langen Weg bzw. einen Prozess, auf dem das Handeln zu spezialisieren ist und Rahmenbedingungen und Konzepte zu verändern sind. Sie sehen die Betroffenen als Experten in eigener Sache.

Inklusion fängt damit an, Verschiedenheit als normal zu deklarieren und den individuellen Potentialen und Bedürfnissen Raum zu geben, in Begegnung mit den Menschen und von den Menschen zu lernen und Differenzierung als Akzeptanz des Andersseins zu demonstrieren.

Bestandteile unserer Arbeit

Rahmenbedingungen

Leider haben wir, bedingt durch die Kultushoheit der Länder, sehr unterschiedliche Ausgangsvoraussetzungen. Es gibt Bundesländer, in denen es den sonderpädagogischen Unterstützungsbedarf Autismus gibt, in anderen Bundesländern ist das nicht der Fall.

Das Land Niedersachsen, dessen Kultusgesetzgebung in unserem AWO-Institut in Braunschweig den schulischen Rahmen festlegt, ist ein Bundesland ohne einen sonderpädagogischen Unterstützungsbedarf Autismus. Hier gibt es im Rahmen der inklusiven Beschulung inzwischen die Möglichkeit der Doppelzählung für die Kinder mit diagnostiziertem Autismus sowie die statistische Berücksichtigung dieser Kinder in der Unterrichtsversorgung. Darüber hinaus gibt es Beratungsleistungen durch schulische Beratungssysteme. Andere Unterstützungen – wie Schulbegleitung oder Doppelbesetzung – sind nicht selbstverständlich gewährleistet. Die hierfür erforderlichen Schritte müssen die Eltern organisieren, indem sie einen Antrag beim zuständigen Jugendamt stellen. Natürlich haben die Kinder ein Recht auf die Gewährung eines Nachteilsausgleichs. Er dient der Kompensation der durch die Behinderung entstehenden Nachteile und stellt keine Bevorzugung der behinderten Schüler gegenüber den Mitschülern dar.

So ist die rechtliche Grundlage. Die Umsetzung im Alltag bedarf aber in den meisten Fällen der Absprache, der Einigung, der genauen Festlegungen der Maßnahmen für den speziellen Einzelfall, der Aufklärung der Klassengemeinschaft und der Elternschaft sowie der Information des gesamten Kollegiums.

Hospitation im Unterricht

Häufig erfolgt durch uns anfangs eine Unterrichtshospitation, um das Kind in der Interaktion mit Mitschülern und Lehrern zu erleben und es in seiner Organisation und Strukturierung des Tages zu beobachten. Diese Hospitationen führen oft zu wertvollen Erkenntnissen über vorhandene Ressourcen und Handlungserfordernisse und sind meist für alle Beteiligten sehr lehrreich.

Lehrerinformation

Wichtig ist auch die Information der Lehrer des Kindes mit Autismus und, falls gewünscht, des gesamten Kollegiums. Das Wissen um das Störungsbild kann erheblich dazu beitragen, bestimmte Verhaltensweisen des Kindes nicht mehr als gezielte Störung des Unterrichts, sondern als Unwissen um die gerade vorherrschenden Regeln einordnen zu können. Für viele betroffene Kinder sind beispielsweise Ansagen für die gesamte Klasse so lange nicht handlungsleitend, solange nicht ihr Name genannt wird. Denn das Kind heißt ja nicht »ihr« (»Holt ihr bitte eure Hefte heraus«), sondern Jan oder Paula. Auch die Abfolge vieler hintereinander gesprochener Aufträge (»Holt die rote Mappe heraus, öffnet das Buch auf Seite 14 und beginnt mit der Bearbeitung von Aufgabe 3«) führt dann zu Irritationen, wenn das Kind sofort mit der Reaktion auf die erste Anweisung beginnt, darüber aber die beiden anderen nicht mehr zur Kenntnis nehmen kann.

Leider gibt es aber trotz aller Aufklärung immer noch Systeme, in denen die Akzeptanz nicht vorhanden ist. Die Aufgabe, die sich gerade bei den Kindern mit eher schwach ausgeprägtem Autismus stellt, ist die Unterscheidung zwischen Nicht-Wollen und Nicht-Können. Schülern, die in vielen Situationen unauffällige Verhaltensweisen zeigen und in der Lage sind, sich regelkonform anzupassen, wird teilweise nicht geglaubt, dass die Ursache ihres Verhaltens im Autismus begründet sein könnte. Da man von außen die große Anstrengung nicht sehen kann, die es für diese Menschen bedeutet, in sozialen Kontexten nicht aufzufallen, ist die wertschätzende, verständnisvolle Haltung des Umfelds unerlässlich für eine Schullaufbahn, die nicht als »schlimmste Zeit des Lebens« (Preißmann 2018b) beschrieben werden muss.

Information der Mitschüler und deren Eltern

Es ist für die Mitschüler von autistischen Kindern häufig sehr schwierig, die Verhaltensweisen zu verstehen und zu tolerieren. Für die gemeinsame Schulzeit sind aber gerade das Verständnis der Mitschüler sowie die Akzeptanz der Verschiedenheit wesentlich für die Verhinderung von Ausgrenzung. Auch kommt es dann nur noch in Ausnahmefällen zu Hänseleien oder Mobbing. Daher gehört die Information der Mitschüler zum festen Bestandteil der Arbeit.

In den meisten Fällen macht es Sinn, auch die Eltern der Mitschüler über die Problematik aufzuklären. Durch das Anrecht des Kindes mit Autismus auf die Gewährung eines Nachteilsausgleichs kann es doch zu Irritationen bezüglich »gerechter Notengebung« in den Elternhäusern kommen. Auch von den eigenen Kindern berichtete »Verhaltensoriginalitäten« des betreffenden Mitschülers werden anders beurteilt, wenn das Wissen um die Ursachen bekannt ist.

Zu Beginn des Elternabends berichten dabei zunächst die Eltern des Kindes mit Autismus über ihre – teilweise sehr schwierige – Situation im häuslichen und institutionellen Rahmen. Im Anschluss an diese häufig für die Eltern sehr emotionale Schilderung gibt es einen Teil mit allgemeinen Fragen zum Thema Autismus, die von uns Fachleuten beantwortet werden. Daran schließt sich ein schulrechtlicher Teil an, der das Recht auf die Gewährung eines Nachteilsausgleichs betont, damit nicht der Eindruck entsteht, hier würden unzulässige Ausnahmen für dieses eine Kind gewährt.

Bisher ist noch kein Elternabend ohne das Aussprechen der Hochachtung gegenüber der Offenheit der Eltern des Kindes verlaufen. Für die Lehrer ist die Ausgangslage im täglichen Umgang danach sehr viel einfacher, denn es ist für alle Eltern Transparenz über die einzuhaltenden Rahmenbedingungen geschaffen worden.

Familien- und Teilsystemberatungen

Im klassischen Sinne funktionieren Familien so, dass Erwachsene Verantwortung für die Entwicklungsprozesse von Kindern übernehmen, bis sich die Kinder in einem bestimmten Alter verabschieden. Im günstigen Fall stimmen die Eltern in ihren Erziehungsprinzipien überein oder können Kompromisse eingehen, sodass die Kinder Sicherheit und Grenzen erfahren, an denen sie wachsen und reifen können. Uneinigkeit im Elternhaus, aber auch Differenzen zwischen Elternhaus und den jeweiligen Institutionen (Kita, Schule) führen dazu, dass Kinder Grenzen ausloten und lernen, für sich günstige Bedingungen zu erkämpfen, die im Ergebnis eher ungünstige Verhaltensweisen hervorrufen.

Daher ist in den Familien das Wissen um das Störungsbild des Autismus notwendig, um »Erwartungsstörungen« zu vermeiden. Wenn immer wieder soziale Handlungen erwartet werden, die einer nicht realistischen Einschätzung der Möglichkeiten des Gegenübers entspringen, wird viel Energie in Machtkämpfen und in der Verarbeitung von Enttäuschungen verbraucht. Es ist sinnvoller, die Sicht auf die in fast allen Fällen vorhandenen Ressourcen wie Zuverlässigkeit und Ehrlichkeit zu richten, die dazu führen, dass z. B. Zusagen eingehalten werden, wenn verbindliche Pläne existieren.

Insgesamt ist für den Menschen mit Autismus die Familie bzw. das soziale Netz besonders wichtig, da den engeren Bezugspersonen in einem besonderen Maß die Funktion zugesprochen wird, Rückhalt, Sicherheit, Akzeptanz und Wertschätzung zu vermitteln.

Die ganz individuelle Sichtweise berücksichtigen

Die MitarbeiterInnen des AWO-Instituts schauen nicht nur von ›oben‹ aus ihrer eigenen Perspektive, sondern vermehrt von ›unten‹. Von da, wo man sich nur mies fühlt und sich wünscht, dass sich etwas ändert. Auf dieser Alltagsebene schauen sie sich Bewältigungs- und Handlungsmuster, Gefühle und Kognitionen an und bringen sie zur Sprache. Viele Störungen könnte man auch als Kompensationskonzepte oder »geniale Lösungen« begreifen, und hieraus lassen sich mit einer anderen Sicht auch andere kreative Wege gehen. Den MitarbeiterInnen des Instituts ist es sehr wichtig, die Menschen mit Autismus und ihre Familien wie auch die Institutionen bei ihren Bedürfnissen und Problemen abzuholen.

Rückmeldungen der begleiteten Mütter autistischer Kinder

Wie sehen die betroffenen Mütter die Unterstützung? Was ist ihnen wichtig? In einer Befragung gaben sie an, dass ihnen die Hilfe durch die MitarbeiterInnen des Instituts sehr nützlich war. Besonders hilfreich erlebten sie

- das systemische Arbeiten mit der gesamten Familie, das ihnen Kraft insbesondere in Krisenzeiten gab

- die Begleitung zu Lehrergesprächen
- die Kenntnisse der örtlichen Voraussetzungen, die es ermöglichten, eine geeignete Schule zu finden
- die Aufklärungsarbeit für das schulische Umfeld
- Mut machende Hilfestellungen bei der Suche nach Lösungen
- die diplomatische Moderation von Krisengesprächen
- insgesamt die Unterstützung bei Problemen mit dem Fokus auf der Suche nach Lösungen und neuen Wegen, die Kraft und Zuversicht vermittelte.

Beispiel einer kontinuierlichen Unterstützung aus der Sicht einer betroffenen Mutter

Den ersten Kontakt mit dem Institut hatte ich im ersten Grundschuljahr meines Sohnes. Wir – mein Mann und ich – wurden gebeten (bzw. verpflichtet), zu einem Termin in der Schule zu erscheinen, um den »Schulberatern« Informationen über den Umgang mit unserem Sohn zu geben, da es der Klassenlehrerin schwerfiel, seine Verhaltensweisen zu verstehen, und man hoffte, dass sie so vielleicht besser mit ihm klarkäme. Nach dem zweiten Treffen – im Institut – wurde daraus eine regelmäßige Pflichtveranstaltung (»Systemische Familienberatung«).

Hier begann die eigentliche Zusammenarbeit. Die Mitarbeiterin erklärte uns: »Es wird Zusammenarbeit gefordert, also machen wir Zusammenarbeit. Wir sollen herausfinden, ob es im Familiensystem hakt, das haben wir getan, und das ist nicht der Fall. Auf die Schule für Sonderpädagogik gehört Ihr Sohn nicht, also schauen wir, was wir tun können, damit der Unterricht für beide Seiten möglich wird.« Aus einer Zwangsmaßnahme sollte also eine sinnvolle Zusammenarbeit werden.

Entlastend war in dieser Zeit, mit jemandem sprechen zu können, der auf diesem Gebiet gut qualifiziert und informiert war. Die nüchtern-rationale Betrachtungsweise von schwierigen Situationen nahm mir den Druck, ein gewisses Maß an Sarkasmus und Humor half mir, die Wichtigkeit der Vorfälle durch ein Umdenken zu relativieren.

Es gibt mir nach wie vor Sicherheit zu wissen, dass ich mich mit neuen Fragestellungen (z. B. Autismus und Berufsleben betreffend) auch zukünftig an das Institut wenden kann. Und dann kann ich sicher sein, dass es nicht nur ein »Fall« sein wird, den man zu »bearbeiten« hat, sondern dass den MitarbeiterInnen persönlich etwas daran liegt, dass es allen Beteiligten (wieder) gut geht.

7 Praktische Tipps: Welche weiteren Hilfen sind möglich?

Hilfen für Mütter von Menschen mit Autismus

> Was Mütter autistischer Menschen weiterhin brauchen, sind praktische Tipps, welche Unterstützung ganz konkret möglich ist. Nicht in jedem Fall ist alles, was denkbar ist, auch sinnvoll, sodass es wichtig ist, ganz individuell auszuwählen. Dafür aber muss man die Angebote kennen, um sie einordnen zu können.

Was in der Theorie manchmal ganz einfach scheint, ist in der praktischen Umsetzung oft schwierig. Da treten Krisen gerade dann auf, wenn man sie so gar nicht gebrauchen kann, wenn Bezugspersonen im Urlaub sind, wenn man selbst vielleicht gerade die ganze Kraft für ein anderes Projekt braucht. Wichtig in solchen Fällen, aber auch im normalen Alltag, sind praktikable Lösungen, verfügbare Ansprechpartner und ganz konkrete Hilfen. Mütter autistischer Menschen fühlen sich oft sehr allein gelassen mit ihren Sorgen und Nöten, weil da vermeintlich niemand ist, der unterstützen kann, weil Hilfsmaßnahmen fehlen. Und doch – es gibt sie. Man muss aber aus all den oft verwirrenden Angeboten die sinnvollen und hilfreichen auswählen, was nicht leicht ist.

In jedem Fall ist es sinnvoll, sich ein eigenes Netzwerk zu knüpfen, das stärkt, unterstützt und auffängt. Empfehlenswert ist dabei oft eine Mischung aus professionellen (Ärzten, Psychotherapeuten etc.) und privaten Helfern (z. B. Freunde, Familienangehörige, Gleichgesinnte aus der Selbsthilfegruppe). Mehrere Standbeine sind nötig, um auch dann Stabilität und Unterstützung erfahren zu können, wenn eine der gewählten Hilfen gerade nicht zur Verfügung stehen kann.

Manchmal muss man der Umgebung ganz konkret erklären, wie sie mit der Situation umgehen soll, was man erwartet, was in der aktuellen Lage hilfreich ist. Viele Menschen sind unsicher und reagieren unbeholfen, wenn es darum geht, mit autistischen Störungen umzugehen. Dann hilft es oft sehr, sie dabei anzuleiten. Insgesamt sollte man den Mut haben, darüber zu sprechen, um den Teufelskreis aus Schweigen, fehlender Aufklärung und Stigmatisierung von Menschen mit Autismus zu durchbrechen.

Man muss aber auch klar sagen, dass es deutliche Lücken in den Angeboten der Unterstützungsnetzwerke gibt, hier sind vor allem kurzfristig verfügbare, flexible Familien unterstützende Angebote und Möglichkeiten zur Krisenintervention einerseits und die Finanzierung für eine kontinuierliche Langzeitbetreuung auf der anderen Seite zu nennen. Entsprechende Forderungen müssen deshalb zukünftig verstärkt an Politik und Gesellschaft gestellt werden.

Elternverbände: Autismus-Regionalverbände / Selbsthilfegruppen

Der Bundesverband Autismus Deutschland e. V. hat inzwischen 60 Mitgliedsverbände in allen Gegenden Deutschlands (Stand: Oktober 2014), wo Eltern und sonstige Angehörige sich zusammengeschlossen haben zum Erfahrungsaustausch und zur gegenseitigen Unterstützung. Diese Regionalverbände sind oft die besten ersten Anlaufstellen, wenn es um Informationen aller Art zum Thema Autismus, um Kontaktmöglichkeiten und um passende Ansprechpartner in der Region geht. Daneben werden Selbsthilfegruppen, Vorträge und sonstige Veranstaltungen angeboten. Auch der Bundesverband selbst betreibt über das Fortbildungsangebot FBA umfassende Aufklärung über den aktuellen Stand der Forschung bei Autismus-Spektrum-Störungen und die Bedürfnisse der betroffenen Menschen. Er veranstaltet Kongresse und Fachtagungen und gibt Bücher und Broschüren heraus. Mit vielen tausend Mitgliedern ist er der einschlägige Dachverband, der Betroffene und Angehörige zusammenführt in dem gemeinsamen Anliegen, die Interessen von Menschen mit Autismus in der Gesellschaft zu vertreten und zu unterstützen. Nur gemeinsam kann es gelingen, wichtige

Forderungen durchzusetzen, daher ist es sehr wichtig, sich hier zusammenzuschließen.

Autismus Deutschland e.V.
Bundesverband zur Förderung von Menschen mit Autismus
Rothenbaumchaussee 15
20148 Hamburg
Tel. 040–511 56 04
Fax 040–511 08 13
E-Mail: info@autismus.de
Internet: www.autismus.de

Bestehende Selbsthilfegruppen können außerdem auch bei NAKOS erfragt werden (Nationale Kontakt- und Informationsstelle zur Anregung und Unterstützung von Selbsthilfegruppen). Hier ist auch Hilfe möglich, wenn man selbst eine neue Selbsthilfegruppe gründen möchte.

NAKOS: www.nakos.de

Sozialpsychiatrische Dienste / gemeindepsychiatrische Angebote / Lebens- und Familienberatung etc.

Eine Beratung über die lokalen Möglichkeiten kann auch bei den jeweiligen Beratungsstellen erfolgen und wird z. B. in Gesundheitsämtern, von kirchlichen / caritativen Organisationen oder den sozialpsychiatrischen bzw. gemeindepsychiatrischen Zentren angeboten.

Der Familienunterstützende Dienst (FuD), auch bekannt als Familienentlastender Dienst (FeD), bietet Maßnahmen für Menschen mit Behinderungen und Entlastungsmöglichkeiten für ihre Angehörigen an. Möglich sind sowohl Gruppenangebote (Konzert-, Kino-, Museumsbesuche usw.) als auch zielorientierte Einzelbetreuung.

Allgemeine Unterstützung (Beratung, Informationsbroschüren) finden Angehörige von Menschen mit psychischen Erkrankungen oder Behinderungen auch beim Bundesverband der Angehörigen psychisch Kranker e.V. (BApK): www.psychiatrie.de/bapk; E-Mail: seelefon@psychiatrie.de

Ärzte-/Psychotherapeutensuche

Verzeichnisse von Ärzten bzw. Psychotherapeuten sind im Internet einsehbar oder aber bei der eigenen Krankenkasse erhältlich. Oft haben die Therapeuten Anrufbeantworter und Wartelisten, die aber nicht abschrecken sollten. Es ist empfehlenswert, immer wieder einmal nachzufragen, wie lange es noch dauern wird, das weiter bestehende Interesse zu bekunden und auf die persönlich Situation hinzuweisen.

Nicht jeder Mensch kommt mit jedem anderen Menschen gleich gut zurecht. Deshalb ist es manchmal nicht der erste Therapeut, der am besten zu einem passt, sondern vielleicht der dritte oder vierte. Fünf Probesitzungen sind möglich, bis man sich auf einen Therapeuten festlegen muss.

Autismus-Therapiezentren: www.autismus.de
Bundesärztekammer: www.bundesaerztekammer.de
Kassenärztliche Bundesvereinigung: www.kbv.de

Psychiatrische Krankenhäuser/Institutsambulanzen/ Notfallseelsorge etc.

Rund um die Uhr erreichbar ist im akuten Krisenfall das zuständige psychiatrische Krankenhaus, tagsüber außerdem die dort angegliederte Institutsambulanz, wo Hilfsmöglichkeiten erfragt werden können. Manche Krankenhäuser haben ein spezielles »Krisentelefon« geschaltet, wo man sich telefonisch Unterstützung holen kann. Aber das kann natürlich wirklich nur eine Hilfe im Akutfall sein und keine dauerhafte Unterstützung. Eine weitere Möglichkeit in Krisensituationen ist ein Anruf bei der Telefonseelsorge. Sie ist 24 Stunden täglich erreichbar, die Beratung ist in Deutschland kostenlos und auf Wunsch auch anonym möglich.

Telefonseelsorge: Tel. 0800/1110111 oder 0800/1110222

Online kann ebenfalls eine Beratung erfolgen, die Antwort dauert manchmal aber ein paar Tage, was man berücksichtigen muss: www.telefonseelsorge.de

Rechtliche Unterstützung, weitere Informationen

Der Bundesverband Autismus Deutschland e.V. veröffentlicht auf seiner Homepage (www.autismus.de; Stichwort Recht) eine ausführliche Beschreibung der Rechte von Menschen mit Autismus und eine Liste von Rechtsanwälten, die Menschen mit Autismus und ihre Angehörigen beraten. Auch mögliche Nachteilsausgleiche finanzieller Art werden vorgestellt, etwa im Hinblick auf steuerliche Vorteile. Dafür aber ist ein Schwerbehindertenausweis nötig, der beim zuständigen Versorgungsamt (Landesamt für Soziales, Jugend und Versorgung) beantragt werden kann. Dort erhält man auf Wunsch auch allgemeine Auskunft und Beratung zum Schwerbehindertenrecht oder Hilfe beim Ausfüllen der Antragsformulare. Ebenfalls bei Autismus Deutschland e.V. ist der neu überarbeitete Ratgeber »Rechte von Menschen mit Autismus« einsehbar, der auch bestellt werden kann.

Das von der Bundesarbeitsgemeinschaft »Selbsthilfe von Menschen mit Behinderung und chronischer Erkrankung und ihren Angehörigen e.V.« herausgegebene Rechtshandbuch »Die Rechte behinderter Menschen und ihrer Angehörigen« wird regelmäßig überarbeitet und aktualisiert und bietet eine übersichtliche Einführung: www.bag-selbsthilfe.de.

Der Regionalverband Autismus Mosel-Eifel-Hunsrück e.V. empfiehlt in seiner aktuellen Fachschrift, die zahlreiche weitere Hilfen enthält (Autismus Mosel-Eifel-Hunsrück e.V. 2014), ein Buch aus der Reihe »Beck-Rechtsberater im dtv«: Greß, Jürgen: *Recht und Förderung für mein behindertes Kind. Elternratgeber für alle Lebensphasen – alles zu Sozialleistungen, Betreuung und Behindertentestament.* 2. Auflage. München: Deutscher Taschenbuchverlag 2014. Zahlreiche weitere Publikationen sind im Lebenshilfe-Verlag erschienen (www.lebenshilfe.de/de/buecher-zeitschriften/buecher/index.php).

Hilfen für die betroffenen Menschen selbst

Müttern von Menschen mit Autismus geht es natürlich auch dann deutlich besser, wenn sie ihre Kinder versorgt und stabil begleitet wissen. Das ist nach wie vor ein großes Problem. Hilfen sind rar und passen oft nicht in das jeweilige Lebenskonzept. Dann sind ganz konkrete Ratschläge wichtig, wohin man sich wenden kann, um ein gutes Leben führen zu können.

Frühzeitige Diagnose

Das frühzeitige Erkennen einer autistischen Störung kann zu einer deutlichen Reduzierung der Schwierigkeiten führen. Je früher die Diagnose gestellt wird, umso eher sind effektive Maßnahmen in allen Lebensbereichen möglich. Im Kindes- und Jugendalter erfolgt die Diagnostik in der Regel bei einem Kinder- und Jugendpsychiater, im Erwachsenenalter bei einem Facharzt für Psychiatrie.

Allgemeine Möglichkeiten zur Unterstützung

Die optimale Unterstützung ist individuell verschieden. Manchen hilft eine enge Struktur, andere brauchen mehr Hilfe bei praktischen Erledigungen des Alltags, beim Knüpfen von Kontakten, bei der Freizeitgestaltung oder dem optimalen Anpassen des Arbeitsplatzes an die autistischen Besonderheiten (z. B. reizarm gestaltete Räume, Rückzugsmöglichkeiten, Visualisierung der Arbeitsschritte etc.).

Allgemein sind für Menschen mit Autismus meist folgende Maßnahmen hilfreich (vgl. z. B. Preißmann 2018 und 2018b):

- Erstellen von Regeln, die eindeutig und nachvollziehbar sind und von allen Beteiligten befolgt werden
- Information der Bezugspersonen (Lehrer, Arbeitgeber, Therapeut etc.) über die Besonderheiten der eigenen Person, falls vom betroffenen Menschen gewünscht, sowie (im Sinne einer Netzwerkarbeit) Zusammenarbeit und Austausch aller, die mit dem Betroffenen zu tun haben

- Verwendung einer klaren und eindeutigen Sprache; Vermeiden von Redewendungen und mehrdeutigen Äußerungen, die oft nicht richtig verstanden werden, daher immer wieder zu Missverständnissen führen und als vermeintliche Provokation fehlgedeutet werden können
- Möglichst wenige Veränderungen vornehmen, diese dann möglichst frühzeitig ankündigen, damit der betroffene Mensch sich darauf einstellen kann und weniger Angst vor dem Unbekannten erlebt.

Schule

Die allgemeine Schulpflicht gilt auch für Kinder mit Autismus, und die Schule mit ihren geregelten Tagesabläufen und dem Fokus auf wissensorientiertem Lernen kommt eigentlich auch den Stärken vieler autistischer Menschen entgegen. Die pädagogische Neuorientierung in den letzten Jahren mit der immer stärkeren Betonung von Gruppenarbeit und den steigenden Anforderungen an soziale Kompetenz, Kommunikations- und Organisationsfähigkeit dagegen macht die Schulzeit aber nicht selten auch zu einer sehr problematischen Zeit (Tebartz van Elst et al. 2014, Preißmann 2018b). Die Schulgesetze bestimmen, dass Schülern aufgrund ihrer Behinderung oder Beeinträchtigung im schulischen Alltag und in der Leistungsbewertung kein Nachteil entstehen darf. Dazu dient der »Nachteilsausgleich«, der den betroffenen Schüler in die Lage versetzen soll, die geforderte Leistung zu bringen, nicht jedoch zum Ziel hat, ihn davon zu befreien. In jedem Einzelfall muss man ganz individuell überlegen, wo die größten Schwierigkeiten liegen und was hilfreich sein könnte.

In vielen Fällen ist eine Schulbegleitung notwendig, um dem betroffenen Kind die Teilnahme am Unterricht zu ermöglichen und es in den Pausen einerseits vor Hänseleien der Mitschüler zu schützen, andererseits aber auch ein Miteinander mit den Klassenkameraden zu ermöglichen und es beim Kontakt anzuleiten und zu unterstützen. Die Schulbegleitung ist eine Leistung der Eingliederungshilfe, die beim zuständigen Sozial- oder Jugendamt beantragt werden kann.

Wichtig ist eine enge Zusammenarbeit mit regelmäßigem Austausch zwischen Eltern, Lehrern, Schulbegleitern und evtl. vorhandenen Therapeuten, um ganz individuell unterstützen zu können. Bei zusätzlichem Informationsbedarf stehen in jedem Schulamtsbereich Autismus-Fachberater bzw. Autismus-Beratungslehrer zur Verfügung, die die Schule dabei unterstützen können, die besonderen Belange autistischer Schüler zu berücksichtigen. Sie können bei Bedarf direkt von der Schule angefragt werden und leisten durch ihre Fachkenntnisse eine sehr wertvolle Arbeit bei der Anleitung der Lehrerkollegen.

Unterstützen kann man die Betroffenen außerdem durch folgende Maßnahmen (vgl. auch Preißmann 2018b, Schirmer 2010):

Berücksichtigung des Bedürfnisses nach Struktur und Vorhersehbarkeit, nach gleichförmigen, geordneten Abläufen. Veränderungen sollten auch im Schulbereich frühzeitig angekündigt werden, damit der autistische Schüler sich rechtzeitig darauf einstellen kann und dadurch weniger Angst erlebt. Die regelmäßige Rotation der Sitzplätze im Klassenzimmer etwa gehört für viele Betroffene zu den schlimmsten Maßnahmen, die man ihnen antun kann.

Der gezielte Wissenserwerb sollte gefördert werden, Anforderungen im Hinblick auf Emotionen oder zwischenmenschliche Aspekte müssen dagegen oft modifiziert (Nachteilsausgleich) und / oder speziell mit dem betroffenen Schüler im Einzelsetting trainiert werden.

Meist ist es möglich, statt der Gruppenarbeit, die ihm in der Regel schwerfällt, ein spezielles Thema auch allein zu bearbeiten.

Zur Steigerung der Lernmotivation kann gut das spezielle Interessengebiet genutzt werden (z. B. kann die Anforderung »Objektbeschreibung« auch auf etwa die Waschmaschine oder den Strommasten bezogen werden statt auf Federmäppchen etc.). Auch die oft ungeliebte Geometrie kann anhand des Spezialinteresses oder anhand von Alltagsbeispielen verdeutlicht werden, die oft sehr viel anschaulicher und einprägsamer sind (auch für andere Schüler).

Wichtig sind zusätzliche Lernangebote wie Sozial- und Alltagskompetenz, da dies Bereiche sind, in denen Menschen mit Autismus

Schwierigkeiten haben, da hier mit einer guten Unterstützung aber auch viele Verbesserungen möglich sind, die zu mehr Selbständigkeit führen.

Zahlreiche weitere Überlegungen, Tipps und Informationen für eine erfolgreiche Schulzeit für beide Seiten, für die Betroffenen und deren Eltern genauso wie für Pädagogen, finden sich z. B. bei Preißmann 2018 und 2018b.

Studium

Zur Finanzierung des Lebensunterhalts können natürlich auch Studierende mit Autismus Leistungen nach dem Bundesausbildungsförderungsgesetz (BAföG) erhalten. Behinderungsspezifischer Mehrbedarf kann im Rahmen der Eingliederungshilfe als Hilfe zur Ausbildung geleistet werden (§ 54 Abs. 1 Satz 1 Nr. 2 SGB XII), z. B. notwendige Fahrtkosten, Kosten für einen Studienbegleiter, für behinderungsspezifische Hilfsmittel etc.

Die erste Anlaufstelle ist der Beauftragte für behinderte Studierende an der entsprechenden Hochschule. Hier ist eine umfassende Beratung erhältlich. Wichtige Adressen und viele Informationen bietet außerdem das »Handbuch Studium und Behinderung« des Deutschen Studentenwerks, das man auf www.studentenwerke.de / de / content / studium-und-behinderung-1 einsehen oder in Buchform bestellen kann.

Arbeit und Beruf

In mancher Hinsicht sind die Betroffenen nahezu perfekte Arbeitnehmer. Sie sind meist pünktlich und zuverlässig, bleiben gern an ihrer Arbeit, statt häufige gemeinsame Pausen mit den Kollegen einzulegen. Ihr Streben nach Perfektion erlaubt ihnen sehr gute Arbeitsergebnisse. Aufgrund ihrer auf Details ausgerichteten Wahrnehmung erkennen sie manchmal auch solche Einzelheiten, die anderen Menschen gar nicht auffallen. Solche Fähigkeiten nutzt man inzwischen, wenn es beispielsweise nötig ist, winzige Fehler zu erkennen.

Nach wie vor aber arbeiten 65% der Menschen mit Autismus in einer Werkstatt für behinderte Menschen, 30 % sind ohne Arbeit und nur etwa 5 % auf dem ersten Arbeitsmarkt tätig (Baumgartner et al. 2009). Und auch dann ist es eben oft keine Tätigkeit, die den ganz persönlichen Kenntnissen und Fähigkeiten entspricht, vielmehr müssen viele autistische Menschen weit unterhalb ihrer Möglichkeiten arbeiten, obwohl sie häufig eine Berufsausbildung oder sogar ein Studium erfolgreich abschließen konnten.

Allmählich erkennen aber die ersten großen Firmen, dass in der Regel nicht nur die Arbeitsleistung der autistischen Angestellten sehr gut ist, sondern dass sie auch viel zur Verbesserung des Arbeitsklimas in ihrem Team beitragen. So hat die Firma SAP im Bereich der Informationstechnologie die Erfahrung gemacht, dass alle auf einmal viel ehrlicher und respektvoller miteinander umgingen. Das ist eine sehr schöne Feststellung, die ein bisschen Mut machen kann. Unpassende Arbeitsinhalte und Arbeitsbedingungen können krank machen. Gleichzeitig ist die Arbeit aber auch ein wichtiger Schutzfaktor für das eigene Wohlergehen. Sie gibt dem Leben einen Sinn, sie schafft Struktur und auch ein soziales Netz. Es ist daher sehr wichtig, die betroffenen Menschen bei der Arbeit gut zu begleiten und Rahmenbedingungen zu schaffen, unter denen sie gut arbeiten können (vgl. auch Preißmann 2018 und 2018b):

- Strukturierte Tagesabläufe, feste Tages- und Wochenpläne
- Gute, exakte, ausreichend lange Einarbeitung, bis die Tätigkeit sicher ausgeführt werden kann
- Ruhige Rückzugsräume für Pausen etc.
- Unterstützung durch einen Menschen, der ihnen beim Kontakt zu den Mitarbeiten, Vorgesetzten und ggf. Kunden hilft, z. B. wohlwollender Mitarbeiter, Arbeitsassistent oder »Job-Coach« (z. B. durch Integrationsfachdienste)
- Therapeutische Begleitung durch Psycho- und / oder Ergotherapie, um eine gezielte Vorbereitung auf den Berufsalltag zu gewährleisten und Probleme angehen zu können, die sich bei der Arbeit ergeben.

Für die psychosoziale Betreuung wurden Integrationsfachdienste beauftragt, um Menschen mit einer Behinderung in allen Fragen hinsichtlich Arbeit und Beruf zu unterstützen und zu beraten. Sie können die Einarbeitung durch einen Job-Coach organisieren, passende Unterweisungsstrategien vermitteln oder Vorgesetzte bzw. Kollegen über den Autismus informieren. Oft gibt es auch spezielle Programme, um Menschen mit Behinderungen den Übergang von der Schule in den Beruf zu ermöglichen.

Weitere Einrichtungen, die je nach individuellem Hilfebedarf auch Menschen mit Autismus Unterstützung im Beruf bieten können, sind Berufsbildungswerke (BBW), Berufsförderungswerke (BFW), Werkstätten für behinderte Menschen (WfbM) oder Tagesförderstätten. Im Internet findet man alle diese Einrichtungen in unterschiedlichen Regionen. Daneben gibt es inzwischen auch einige meist privatwirtschaftlich organisierte Autismus-spezifische Arbeitsmarktprojekte, die sich meist an Menschen mit hochfunktionalem oder Asperger-Autismus mit logisch-analytischen Stärken richten. Beispiele sind auticon GmbH mit Standorten in verschiedenen deutschen Großstädten (www.auticon.de) oder Specialisterne Deutschland (www.specialisterne.com).

Wohnen

Noch immer ist es schwer, geeignete Wohnmöglichkeiten für Menschen mit Autismus zu finden. Die Bedürfnisse und Voraussetzungen sind eben so unterschiedlich, sie reichen von der Notwendigkeit einer vollstationären Institution über das Leben in einer Wohngemeinschaft bis hin zum betreuten Einzelwohnen für relativ selbständige Betroffene, die in ihrer eigenen Wohnung leben, allein, mit Partner oder Familie, und dabei Unterstützung bei den alltäglichen Anforderungen erhalten, etwa bei Arztbesuchen und Behördengängen oder bei der sinnvollen Gestaltung der Freizeit.

Sinnvoll ist es, sich an den nächstgelegenen Autismus-Verband zu wenden und nach den Möglichkeiten in der jeweiligen Region zu fragen. Auch Lebenshilfe, Caritas oder andere kirchliche und private Träger bieten in einigen Regionen passende Wohnmöglichkeiten an.

Auch das Leben in einem Mehrgenerationenprojekt kann geeignet sein. Tolerante Nachbarn, die sich gegenseitig unterstützen und die jeweiligen Besonderheiten eines jeden Menschen respektieren und wertschätzen, können das ideale Lebensumfeld für Menschen mit Autismus sein, wenn sie dabei auf Personen treffen, die in der Lage sind, auf sie zuzugehen und den Kontakt einzuleiten und zu pflegen.

Insgesamt kann in vielen Fällen ein recht eigenständiges Wohnen realisiert werden, wenn Struktur und ein fester Tagesablauf gewährleistet sind und für den Fall von unerwarteten Ereignissen ein hilfreicher Ansprechpartner zur Verfügung steht.

Freizeit und Alltag

Eine große Herausforderung stellt auch die Unterstützung im Alltag dar, denn hier sind viele verschiedene Bereiche zu berücksichtigen, in denen ganz unterschiedliche Auffälligkeiten, vor allem aber auch unterschiedliche Wünsche und Bedürfnisse bestehen. Beispielsweise sind Freundschaft, Partnerschaft und Sexualität, Freizeitgestaltung, Zugang zu Medien, Wissenschaft, Politik und dem Gesundheitssystem, Möglichkeiten zur Entwicklung der eigenen Persönlichkeit und vieles andere mehr zu berücksichtigen. Auf all diesen Gebieten aber lohnt es sich, nicht nur auf die Schwierigkeiten und Defizite, sondern ganz besonders auf die bestehenden Ressourcen zu achten und diese zu nutzen.

In jedem Fall ist es auch in Freizeit und Alltag notwendig, ganz speziell auf die Bedürfnisse eines jeden einzelnen Menschen zu achten und nach individuellen Lösungen zu suchen entsprechend der eigenen Wünsche und Voraussetzungen, die man manchmal gezielt erfragen muss, weil sie nicht immer spontan geäußert werden können.

Literatur

Achilles, I. (2007): Die Situation der Geschwister behinderter Kinder. *Behinderte Menschen 1*, 66–77.

Allik, H., Larsson J., Smedje, H. (2006): Health-related quality of life in parents of school-age children with Asperger Syndrome or High-Functioning Autism. *Health and Quality of Life Outcomes 4*, 4.

Antonovsky, A. (1997): *Salutogenese. Zur Entmystifizierung der Gesundheit.* Übersetzung von Franke, A. Tübingen: dgvt-Verlag.

Auhagen, A. E. (Hrsg.) (2004): *Positive Psychologie. Anleitung zum besseren Leben.* Weinheim: Beltz.

Autismus Mosel-Eifel-Hunsrück e. V. (Hrsg.) (2014): *Autismus. Ein Ratgeber für Betroffene und Interessierte in der Region.* Trier.

Baumgartner, F., Dalferth, M., Vogel, H. (2009): *Berufliche Teilhabe für Menschen aus dem autistischen Spektrum (ASD).* Heidelberg: Universitätsverlag Winter.

Bayat, M. (2007): Evidence of resilience in families of children with autism. *Journal of Intellectual Disability Research 51*, 702–714.

Bekhet, A. K., Johnson N. L., Zauszniewski Ja (2012): Resilience in Family Members of Persons with Autism Spectrum Disorder: A Review of the Literature. *Issues of Mental Health Nursing* 33, 650–656.

Benson, P. R., Karlof, K. L. (2009): Anger, stress proliferation and depressed mood among parents of children with ASD: A longitudinal replication. *Journal of Autism and Developmental Disorders 39*, 350–362.

Bormans, L: (2012): *Glück. The World Book of Happiness.* Köln: DuMont.

Borst, U. (2012): Von psychischen Krisen und Krankheiten, Resilienz und »Sollbruchstellen«. In: Welter-Enderlin, R. u. Hildenbrand, B. (Hrsg.): *Resilienz – Gedeihen trotz widriger Umstände.* Heidelberg: Carl Auer.

Brobst, J. B., Clopton, J. R., Hendrick, S. S. (2009): Parenting children with autism spectrum disorders: The couple's relationship. *Focus on Autism and Other Developmental Disabilities 24 (1)*, 38–49.

Eckert, A. (2007): Familien mit einem behinderten Kind. Zum aktuellen Stand der wissenschaftlichen Diskussion. *Behinderte Menschen 1*, 40–53.

Ekas, N. V., Whitman, T. L. (2010): Autism symptom topography and maternal socioemotional functioning. *American Journal on Intellectual and Developmental Disabilities 115 (3)*, 234–249.

Ekas, N. V., Whitman, T. L., Shivers, C. (2009): Religiosity, spirituality, and socioemotional functioning in mothers of children with autism spectrum disorder. *Journal of Autism and Developmental Disorders 39 (5)*, 706–719.

Engelmann, B. (2014): *Therapie-Tools Resilienz.* Weinheim: Beltz.

Erim, Y. (2013): Antonovskys Konzept der Salutogenese. *Psychotherapie im Dialog 1*, 44–47.

Fox, E. (2014): *In jedem steckt ein Optimist.* München: C. Bertelsmann.

Frank, R. (2013): Die psychotherapeutische Arbeit mit Ressourcen. *Psychotherapie im Dialog 1*, 22–29.

Hartley, S. L., Barker, E. T., Seltzer, M. M., Greenberg, J. S., Floyd, F. J. (2011): Marital satisfaction and parenting experiences of mothers and fathers of adolescents and adults with autism. *American Journal on Intellectual and Developmental Disabilities 116 (1)*, 81–95.

Kasper, S. (2008): *Das Resilienzkonzept bei psychiatrischen Erkrankungen.* Wien: Medizin Medien Austria GmbH.

Kißgen, R. (2007): Eltern behinderter Kinder. Eine bindungstheoretische Betrachtung. *Behinderte Menschen 1*, 28–39.

Klauss, T. (1999): *Ein besonderes Leben.* Heidelberg: Universitätsverlag Winter.

Kuhaneck, H. M, Burroughs, T., Wright, J., Lemanczyk, T., Darragh, A. R. (2010): A qualitative study of coping in mothers of children with an autism spectrum disorder. *Physical & Occupational Therapy in Pediatrics 30 (4)*, 340–350.

Kulick, C. H. (2013): Gesucht: die neue Mutter. In: *Geo Wissen 52: Mütter – wie sie uns ein Leben lang prägen*, 95–110.

Leppert, K., Richter, F., Strauß, B. (2013): Wie resilient ist die Resilienz? Für die Psychotherapie wichtige Forschungsfaktoren. *Psychotherapie im Dialog 1*, 52–55.

Lösel, F., Farrington, D. (2012): Direct protective and buffering protective factors in the development of youth violence. *American Journal of Preventive Medicine 43, 8.*

Luong, J., Yoder, M. K., Canham, D. (2009): Southeast Asian parents raising a child with autism: A qualitative investigation of coping styles. *Journal of School Nursing 25 (3)*, 222–229.

Newman, R. (2005): APA's Resilience Initiative. *Profess. Psychol. Res. Prac. 36*, 227–229.

Obradovic, J., Bush, N. R., Stamperdahl, J., Adler, N. E., Boyce, W. T. (2010): Biological sensitivity to context: the interactive effects of stress reactivity and family adversity on socio-emotional behavior and school readiness. *Child Development 81.*

Preißmann, Ch. (2018): *Psychotherapie und Beratung bei Menschen mit Asperger-Syndrom.* 4., überarb. u. erw. Aufl. Stuttgart: W. Kohlhammer.

Preißmann, Ch. (Hrsg.) (2018b): *Asperger – Leben in zwei Welten. Betroffene berichten: Das hilft mir in Schule, Beruf, Partnerschaft und Alltag.* 3. Auflage. Stuttgart: Trias.

Preißmann, Ch. (2017): *Autismus und Gesundheit.* Stuttgart: Kohlhammer.

Preißmann, Ch. (2007): *Psychosoziale Versorgung erwachsener Menschen mit Asperger-Syndrom und High-functioning Autismus.* Posterpräsentation. Frankfurt: Internationales Autismus-Symposium.

Remschmidt, H., Kamp-Becker, I. (2006): *Asperger-Syndrom.* Berlin: Springer.

Sack, M., Gromes, B. (2013): Ressourcenorientierte Behandlungsstrategien in der Traumatherapie. *Psychotherapie im Dialog 1*, 30–35.

Schiepek, G., Matschi, B. (2013): Ressourcenerfassung im therapeutischen Prozess: Darstellung, Förderung und nachhaltige Nutzung. *Psychotherapie im Dialog 1*, 56–61.

Schirmer, B. (2010): *Schulratgeber Autismus-Spektrum-Störungen.* München: Reinhardt.

Schönberger, B. (2014): Erholung: Die Kunst, neue Kräfte zu sammeln. *Psychologie heute 8*, 20–26.

Seligman, M. E. (2012): *Flourish – Wie Menschen aufblühen: Die Positive Psychologie des gelingenden Lebens.* München: Kösel.

Seligman, M. E., Stehen, T. A., Park, N., Peterson, C. (2005): Positive psychology progress: empirical validation oft interventions. *American Psychologist 60.*

Siman-Tov, A., Kaniel, S. (2011): Stress and personal resource as predictors of the adjustment of parents to autistic children: a multivariate model. *Journal of Autism and Developmental Disorders 41*, 879–890.

Sools, A., Mooren, J. H. (2013): Futuring in Psychotherapie und psychologischer Beratung: Instrument zur Förderung von Resilienz. *Psychotherapie im Dialog 1*, 62–71.

Spek, A. (2012): *Achtsamkeit für Menschen mit Autismus: Ein Ratgeber für Erwachsene mit ASS und deren Betreuer.* Bern: Hans Huber.

Tebartz van Elst, L., Biscaldi, M., Riedel, A. (2014): Autismus-Spektrum-Störungen im DSM-5. *InFo Neurologie & Psychiatrie 16/4*, 50–56.

Vogeley, K. (2012): *Anders sein. Asperger-Syndrom und Hochfunktionaler Autismus im Erwachsenenalter – Ein Ratgeber.* Weinheim: Beltz.

Van Breda, A. D. (2001): *Resilience theory: A literature review.* Pretoria: South African Military Health Service.

Walter, H. (2014): Psychologie des Positiven. Eine Ressource der Psychotherapie. *Nervenheilkunde 4*, 286–294.

Wellensiek, S. K., Galuska, J. (2014): Resilienz – Kompetenz der Zukunft. Weinheim: Beltz.

Werner, E. (1992): The Children of Kauai: Resiliency and recovery in adolescence and adulthood. *Journal of Adolescent Health 13.*

Werner, E. (1971): *The Children of Kauai: A longitudinal study from the prenatal period to age ten.* Honolulu: University of Hawaii Press.